雨都漫步

跟著雨傘人回家旅行

日常、海洋、信仰、飲食、地景 —— 小旅行職人踏查基隆五種維度

江懿倫、林家和、邱榆、吳冠萱、張惠媛、蘇筱嵐 — 著

序

聊起基隆，你會想到什麼？廟口夜市、海洋廣場、崁仔頂魚市，還是近年新興的觀光景點—正濱漁港、潮境公園、和平島公園。儘管，過去老舊、破敗、斑駁……形容基隆市容的常見詞彙，漸漸地隨著近年臨港建設被扭轉汰換；然而，身為基隆人，遙想往昔日本時代到二戰後 70 年代，雨都曾經的輝煌榮景，再看到如今在雙北大都會夾縫中生存的基隆，顯得如此地邊陲。

走過西荷、清領、日治、民國等年代，基隆的過去是一面映照臺灣歷史的鏡子，無論作為殖民者交流、展示臺灣的窗口，或是歷經重大事件的傷口，其多樣的移民也成就了這片土地的多元性—清領時期的漳州人、泉州人、福州人；日本時代的日本人、琉球人、韓國人；二戰後的潮汕人、大陳島人、中國各省移民、駐臺美軍、阿美族人、臺灣中南部移民，以及 80 年代之後東南亞新住民。各個時代離散的族群，在基隆港都匯聚融合，他們的足跡紛紛遺留在基隆的某個角落。

位於東北角崎嶇山海旁的基隆，也在氣候、地景、產業面向展現出獨特性。主要發展的漁業、礦業、港口運輸業，皆屬於勞力密集產業，因為市區腹地狹小、地狹人稠，加上冬季多雨的氣候，形塑基隆自有的生活樣貌。河岸上加蓋的大樓、騎樓下的咖啡座、多如繁星的卡拉OK，或是口味濃重的沙茶咖哩、份量十足的乾麵早餐，基隆人面對各種環境的挑戰，都能一一找到他的生存之道。

全球化的浪潮之下，競爭激烈的「地方」，面貌越來越扁平化，「雨都漫步」自 2015 年成立，邊走邊學，持續挖掘地方文史、採集基隆人的口述記憶、踏查出數十個基隆的深度旅行。在累積多年的成果後出版這本書，我們梳理基隆的原生脈絡，總結出五種基隆維度—閃爍基隆、浪潮基隆、魔幻基隆、調味基隆、稜線基隆。藉此證明，基隆雖然是很多人眼中的邊陲地帶，但其有著豐富的內涵；基隆的日常，也是他人眼中的風景。

我們希望將這份獨特的 DNA，分享給基隆人，作為未來雨都漫步深入地方的對話基礎。透過更具包容性的角度，觀看城市的過去與內涵，除了發展觀光之外，還可以為家鄉建構更多元的願景。這是一本基隆人回家同時旅行的踏查筆記，介紹的人事物，都是我們生活中發現的趣事，如果你也想多瞭解我們眼中的基隆，這本書或許能讓你讀起來津津有味，也讓你感受到更為真實的雨都樣貌。

2018 年 3 月「和平島邊 時光皺摺」途中，站在和平橋上望向島與海的景緻

2019 年 1 月 「紅燈禁忌」漫步鐵路周邊的中山陸橋

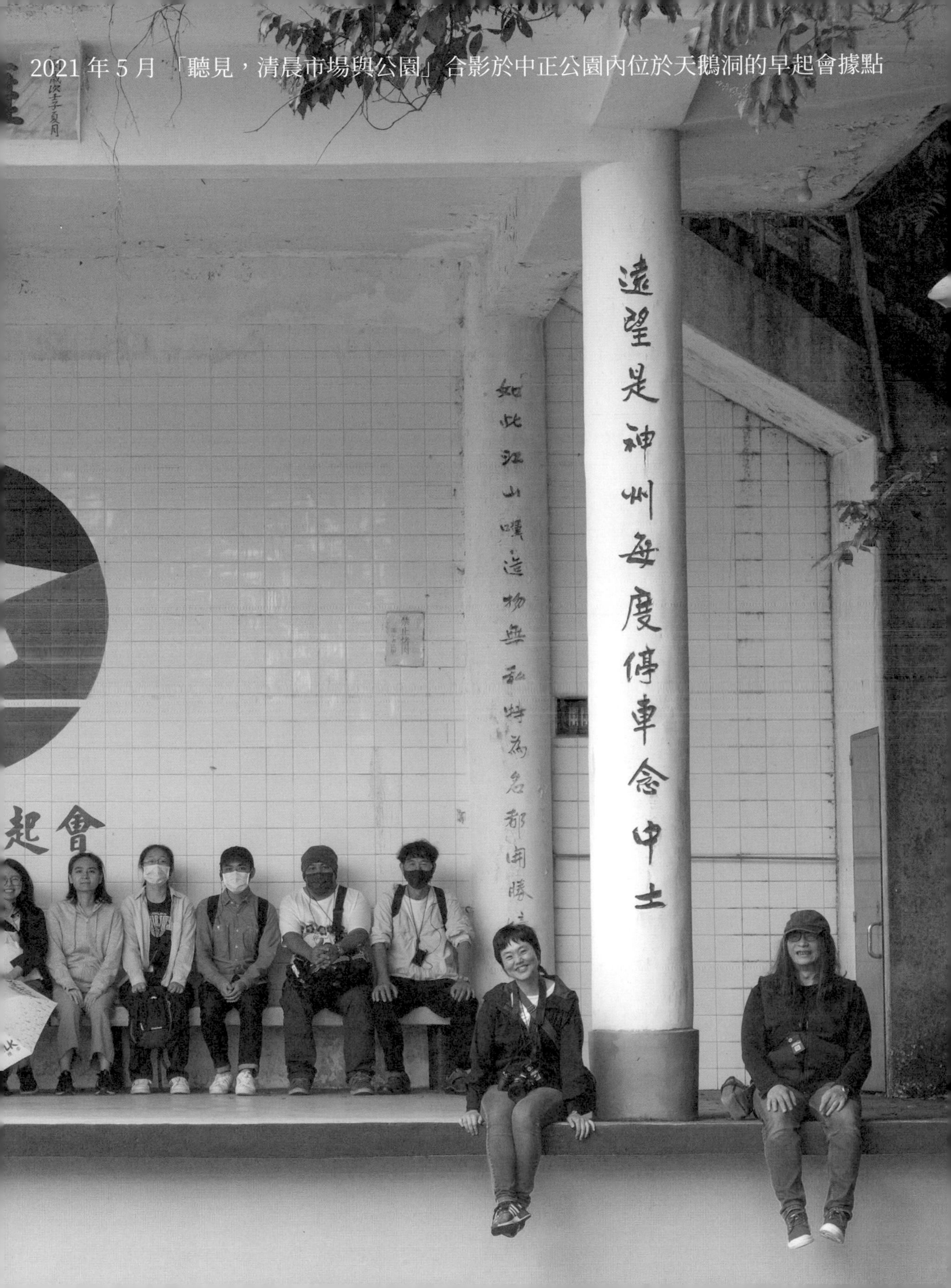

2021 年 5 月 「聽見，清晨市場與公園」合影於中正公園內位於天鵝洞的早起會據點

2019 年 11 月 「港埠風華」造訪基隆燈塔

導言

為什麼回家旅行？

漫步是一種探索、一種觀看城市的方式，不論是站在制高點俯瞰城市地貌，或者深入彎曲巷弄內、像貓一樣探索空間紋理，用著輕盈的步伐，與在地共存，能讓人和地方建立更緊密的關係。

雨都漫步的開始，得從回家旅行說起。2015 年的冬天，第一場漫步—「再多一點點時間，回家旅行」—透過小旅行深入認識家鄉。為什麼要「回家旅行」？有感於基隆青年多在雙北通勤上學、工作，對他們來說，基隆如同旅店般陌生。「回家旅行」舉辦之後收到許多基隆人的感動回饋。而後，這些熱情轉化為每個月舉辦不同主題的漫步，不論是已被掩蓋的河流、禁忌的紅燈區、深夜閃爍的魚市，新增的每條路徑都是為了讓更多人能持續、深入地認識基隆。

「這裡有什麼好看的？」每當我們進入非觀光場域時，在地居民多以驚訝的眼光，觀察我們的凝視。不久之後，他們將目光轉化為參與、熱情地分享與交流。回家旅行的「行動」，將這些凝視賦予家鄉更多意義，也慢慢讓基隆更增加自信、產生價值。

我們漫步的方式

七年級前段班的我，求學時期的歷史課本都是國立編譯館出版，對於臺灣文史著墨有限。面對每個月都需要規劃新主題的挑戰，除了閱讀學習外，遇見的在地人和文史工作者們，都曾給予許多的協助，讓我奠定基礎，至今仍感念在心。

隨著回家旅行計畫的滾動，更多的小旅行職人—「雨傘人」陸續加入，夥伴們的生活背景皆不相同，但是對於基隆都懷抱著一樣的愛。我們相信，透過漫步，可以讓更多人認識家鄉。「雨都漫步」過去幾年接待來自臺灣和世界各地的背包客、駐村藝術家，來此換宿駐居，他們一段時間在基隆生活的反饋，也讓我們看到基隆的不同面向，例如基隆空間小巧可愛、平日生活悠閒自在等。

2016 年，我們參與出版《凝視雨都—藝術家的基隆》一書，與數十位藝術家進行訪談、採集基隆帶給他們的靈感。這個過程如同對我們自身的治療，治癒面對家鄉的不自信；也讓我們意識到，如果要說出家鄉的動人故事，前提是為地方累積足夠的文本。其中，常民記憶與國族歷史一樣重要，需要儘快記錄與典藏；因此，2017 年，我們發起了「基隆黃金年代記憶典藏計畫」，透過大量的訪談，打開封存的黃金歲月，藉此尋找我們自身的家族身世，讓雨都漫步與地方產生更緊密的關係。

展現城市歷史的同時，我們同樣珍惜屬於每位基隆人的常民記憶，每一次小旅行，除了「雨傘人」導覽，還會安排在地人分享與互動，

加深旅人與地方的連結。每當設計體驗進入非觀光場域時，我們理解到，大量的足跡往往會為在地居民和環境造成負擔；因此，我們提倡像「貓」一樣的旅行，輕輕巧巧地進入街道與窄巷中，將對空間的影響維持在最低限度，唯有這樣的行動，才可以持續累積在地社群的支持。

後續的漫步體驗設計，我們不斷地調整內涵，取材於基隆不同的角度，運用創意和富有想像力的地方文本，將常民生活重新詮釋，使參加者能感受到我們對於家鄉的記憶和情感，也能看見基隆的獨特性。例如：常年的「中元不離普」計畫，我們曾以「陰廟的導覽路徑」述說祭祀對象與在地社群的關係；製作普度儀式的「AR 特效動畫」，詮釋臺灣人敬畏鬼神的宇宙觀；「陰光普照城市特展」，設計記憶推車串連新舊基隆人的中元記憶；新冠肺炎（Covid-19）疫情期間，也透過瘟疫面向切入策展，讓中元祭習俗與當代連結，碰撞出新的意涵。

來雨都一起漫步吧！

本書集結雨都漫步從 2015 年開始的滴滴答答，由團隊的 5 位雨傘人，以常民角度帶路進入五個基隆的維度，涵蓋城市的日常、海洋、信仰、飲食與地景等多元面向，對應基隆的歷史脈絡與城市特色，發現基隆濃郁動人的過往。每一章介紹每個維度的代表性地景和故事，而每位雨傘人也基於他們對該主題的認識，秉持著真切的情感，分享自身成長經驗和探訪此地的小Tips。

另外，本書也呼應小旅行的體驗設計，描繪在地職人觀點，分享他們在基隆的生活記憶與日常路徑。最後，不限於紙上的雨都漫步，我們在每個主題提供 3 條小旅行路徑，邀請你來雨都散步，參考本書手繪的可愛地圖指南，實際走訪基隆，體驗在地的濃厚人情味。不管是騎機車還是步行，出發跟我們一起探索多維的基隆吧！

雨都漫步發起人 蘇筱嵐

1982 年生，幼時總哀怨基隆綿連不絕的雨，直到成年遠走高飛至北京生活時，才開始懷念家鄉的雨滴聲和潮濕味。

透過已逝奶奶敘說的基隆港光輝與黯淡，嘗試找回家族於基隆未被提起的那些事。求生技術一流，曾走過 30 多國，喜歡結交當地朋友、以在地視角認識地方文化，最愛拉丁美洲和鬧熱節慶。

長年舉辦中元祭活動總有神奇事，期待有日可以集滿輪普數，參與至小歷史中。

CONTENTS

目錄

序　　　　　　　002
導言　　　　　　014

CHAPTER 01 閃爍基隆 020

鹵素燈徹夜未眠－崁仔頂
時代記憶潾光閃閃－田寮河畔
基隆銀座華燈初上－義重町
輝煌年代夢幻櫥窗－委託行街區
洋派摩登時光－哥倫布酒吧
粉色霓虹地帶－自來街卡拉 OK 與小吃店
點亮禁忌邊陲－鐵路街紅燈區
職人生活路徑
小旅行路線：走訪雨都生活光景
雨傘人吳冠萱
走踏美食

CHAPTER 02 浪潮基隆 048

見證大航海時代－和平島諸聖教堂
世世代代討海人－八斗子漁村
海岸秘境鬼斧神工－仙洞巖
帝國爭霸戰略要地－基隆港
曾經滄海華麗轉身－正濱漁港
人定勝天下的犧牲者－基隆築港殉職者紀念碑
大江東去浪淘盡－西二西三碼頭倉庫
永續海洋發展的領航家－國立海洋科技博物館
職人生活路徑
小旅行路線：追尋與海洋拚搏的熱血冒險
雨傘人林家和
走踏美食

CHAPTER 03 魔幻基隆 078

中元祭傳說的主角－老大公廟
那裡躺著一些外國人－清法戰爭紀念園區
被遺忘的日本兵千人塚－軍人軍屬火葬場之碑
百年祭典十五組姓氏輪值－主普壇
指引好兄弟上岸吃飽飽－望海巷
羅漢腳與藝旦惺惺相惜－萬善祠 / 金環姨廟
「眾」望所歸－集善祠與南榮公墓
見證基隆開墾史的孤魂－港仔口五十人公祠
職人生活路徑
小旅行路線：跟著好兄弟上山下海
雨傘人邱榆
走踏美食

CHAPTER 04 調味基隆 110

閩南移民家鄉味－基隆廟口

歷久彌新老味道－三沙灣

戰後基隆飲食系譜－孝三路

咖哩與沙茶的碰撞－流籠頭

時代咖啡香百轉千迴－市區咖啡廳

神明呵咾（o-ló）的好滋味－草店尾傳統糕餅店

庶民美食集大成－仁愛與博愛市場

新「食」力在基隆－港口周邊東南亞商店

職人生活路徑

小旅行路線：雨傘人帶你吃遍基隆

雨傘人江懿倫

走踏美食

CHAPTER 05 稜線基隆 142

嘯傲杉林清法古戰場－紅淡山

靜謐雙城溪林遊－七堵暖暖山區

大航海時代的古堡壘－白米甕砲臺

歷代戰事最後一道防線－獅球嶺砲臺

山巷裡的二戰避難所－西岸防空洞群

遊走絕色環景港灣－球子山燈塔

山海交界時光階梯－罾仔寮

綠意滿布的童年遊樂場－中正公園

職人生活路徑

小旅行路線：勇腳出列體驗山海魅力

雨傘人張惠媛

走踏美食

圖片來源　　172

致謝　　174

版權頁　　175

CONTENTS

－目錄－

閃爍基隆 ——

畫夜光影川流不息，探望基隆燈火通明的勞動日常。

1. 閃爍的夜晚與歷史建物相映成趣

發光發熱生命力

基隆港，集海港、河港與鐵路於一身，不僅是歷史上不同政權和移民上岸的門戶，也是貨品運輸要塞。舊時，田寮港（田寮河）具備運河功能，穿越市區與海港交會，河畔也因此匯聚討生活的人潮，使基隆港市合一，成為生活聚落和貿易往來的核心。

基隆港腹地擴展出各類產業與生活樣態。自清代魚寮演化而來的崁仔頂魚市，到了夜晚燈火通明，魚行與糶手們忙著漁獲的買賣；日本時代的義重町，位於今日義二路一帶，各式商店、醫院、銀行與政府單位林立，更有「基隆銀座」

之稱；戰後美軍駐臺，美國大兵帶來委託行街區與酒吧的商機；隨著貨櫃船時代來臨，浮現在鐵路周邊的娛樂場所，是碼頭工人談天說地的溫柔鄉，也是眾多女性自食其力的謀生管道之一。跨越時代的基隆群像，隨著時光荏苒，慢慢與基隆這座城市相互融合，求得他／她們的生存之道。

在基隆，最令人感到興味盎然的是一與異質而多元的人們相遇，尤其來到深夜裡甦醒的崁仔頂，與白天「神隱」的職人，體驗魚市的生猛有勁；同時，在路邊小酌幾杯，感受基隆港邊獨特的散飲（散啉，sàn-lim）文化，才是探索雨

閃爍基隆

都恰到好處的方式。如今,委託行依舊在,櫥窗
內展示的衣物從流行文化變成復古摩登;「基隆
銀座」仍不負盛名,義二路已成為基隆美食戰區
之一。即使,基隆港的輝煌年代消逝,曾經的黃
金歲月還在卡拉 OK 與小吃店裡,隨著七彩霓虹
閃爍;在店家招待的點心與茶水中,看見屬於碼
頭工人時代的倒影。

鹵素燈徹夜未眠－崁仔頂

　　想要在北臺灣買到「現流仔」（hiān-lâu-á），來到崁仔頂魚市準沒錯！此處為北臺灣最大的漁獲集散地，名聲響亮，魚市自晚上 11 點開市營業到清晨，從全臺灣來的內行魚販、買家以及饕客都聚集在此，只為搶購最新鮮、最高檔的漁獲。作為非政府經營的魚市場，崁仔頂魚市「有機生長」成現今的模樣。由於日本時代將石硬港（南榮河）與蚵殼港（西定河）下游改道匯流為「旭川河」，並設置船隻停泊的碼頭設施，因應船舶卸貨之功能，而有了陸地與河道之間的階梯，用臺語稱呼就是「崁仔」（khàm-á），「階梯之上」正是漁人們卸貨上岸之處，也就是「崁仔頂」魚市名稱的由來。

　　旭川河在基隆與河爭地過程中，於 1978 年完成加蓋整治工程，陸續在上方興建－明德、親民、至善三棟大樓，成為魚市、美食等住商混用的空間，其中一、二樓多為商家，三、四樓則為住宅。在旭川河加蓋之前，魚市營業時間為早上 4 點多到 8、9 點，甚至中午，此時剛好順應漲退潮，漁船能夠進入旭川河停泊卸貨；旭川河加蓋之後，隨著臺灣高速公路發展，營業時間也就不斷提早到半夜 11 點。

　　每天晚上 10 點左右，陸續有冷凍車駛入崁仔頂魚市卸貨，魚行的員工紛紛著手整理漁獲。明亮的鹵素燈泡吊列在成堆的漁獲上，魚鱗反射出光芒，冰塊閃爍著晶瑩，在在烘托出今晚的靈魂人物－「耀手」。市場依據販賣方式可分為「文市」、「武市」，[1] 一般俗見的市場多屬「文市」；採用拍賣制度的即為「武市」，由耀手引導顧客競相出價。根據當天不同魚行漁獲的種類、大小、數量，耀手心裡會列出一張理想交易的價目表，眼觀四面、耳聽八方，讓喊價與買氣不斷升溫。為了保有「現流仔」的美味，冰塊車也成為另一個要角，利用海水與冰塊，才能有別於冷凍的方式為漁獲降溫，保留肉質水分。

　　隨著臺灣養殖漁業發展、引進進口漁獲以及飲食習慣改變，消費者更傾向到大賣場購買海鮮，或是選擇外食居多，相對地，魚市買氣近年也逐漸降低。紅色魚配上藍色波浪的圖騰，是魚行招牌的統一形象，有些店家在招牌下方還保有「7 碼」的電話號碼，如今看來也顯得追趕不上時代，而仰賴老師傅傳承海產知識與拍賣制度的「耀手」一職，因時代變遷、科技進步等因素，培訓不如以往繁重，新手的培訓內容也愈趨精簡。

2.1969 年，旭川河尚未被大樓覆蓋，可見船隻停泊，岸上有竹簍堆疊

雨傘人 TIPS

　　逛魚市遇到下雨天是家常便飯，記得別撐傘，「雨衣搭配雨鞋」才能更便利地進行買賣。挑選漁獲時，可以注意魚的眼睛是否黑亮、肉質是否回彈，以及摸起滑滑的、體液帶些黏性；漁獲的時價與豐富度容易受天候影響，越新鮮的魚當然價格越高，晚一點去的話也許能遇到魚行出清中、次漁獲，而撿些便宜，但相對地種類可能較少。也可以避開魚市休市前，尤其是大型節假日前後去購買，通常價格會較為便宜。[2] 漁獲因季節有所不同，春季有飛魚卵、透抽、馬加；夏季則有小卷（鎖管）、白帶魚、竹筴魚等，此時也是體驗夜釣的重要季節，備好暈船藥、不怕吐就能出海；秋季則有紅甘鰺、軟絲，還有必吃的螃蟹—黃金蟹；冬季則有大明蝦與赤鯮，據說冬天的漁獲肉質會囤積較多脂肪、更為肥美。[3]

3. 魚市營業前，運送漁獲用的大量保麗龍箱在此處堆疊，準備迎接開市

4. 魚市營業中，人潮湧至的景象

5. 魚市燈火通明，販售漁獲的景象

① 彭瑞祺訪談，訪問日期：2017 年 5 月 5 日。
② 何怡璇（2021）。《人跟著魚走：崁仔頂魚市場及其非正式性》（碩士論文）。國立政治大學。
③ 基隆區漁會（2016 年 4 月 5 日）。〈基隆的四季漁產您認識幾樣？〉。基隆區漁會 FACEBOOK 粉絲專頁。https://www.facebook.com/keelung.klfish/posts/207127166290862/。

時代記憶粼光閃閃－田寮河畔

02

田寮河早年稱作田寮港，是基隆四大港門之一，另外 3 個分別是蚵殼港（現為西定河）、牛稠港與石硬港（現為南榮河），而田寮河是臺灣最早的人工運河，全長約 3.5 公里，曾是作為礦業與木材運輸的重要河港。早年的運輸要道旁便是人們聚落活躍的區域，尤其田寮河靠信義區義二路一帶，在日本時代經過土地填埋、市區改正，市街格局方正成為殖民政績宣揚的門面，[4] 而田寮河靠近仁愛區一側則成為遊廓、休閒娛樂、商家林立的區域。

田寮河源於槓子寮，此區域靠近煤礦區，是運輸木材與煤礦的河道，經過 1908 年、1930 年代多次整修後也具備漁船停泊、卸貨的功能。1960 年代後田寮河成為巨大原木存放的處所，原木平行兩岸放置，原木與原木之間輔以繩索固定在岸邊房舍，是許多老一輩基隆人童年回憶中的壯觀景象之一。另外，田寮河也因在二二八事件的鎮壓中有民眾在此遭到殺害與棄屍，被列為遺址之一。

6

8

9

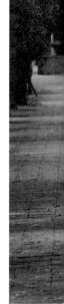

10

7

閃爍基隆

由於基隆平地有限，戰後陸續出現「與河爭地」現象，田寮河兩岸的街景歷經整治，其中靠仁一路一側的惠隆大樓，即是政府在 1956 年將田寮港船澳填平後興建而成，部分石硬港（仁五路）與旭川河（仁二路至仁五路）也分別在 1959 年、1978 年填平後興建連棟式的商場大樓。近年來，田寮河岸兩側人行道空間經過整頓，增添適合休憩散步的空間和藝文場所，如：「小獸書屋」和「在河邊展藝空間」，還有作為田寮河岸空間活化實驗基地的「86 設計公寓」。此外，田寮河上共有十二座橋連通河邊兩岸的信一路與仁一路，源於日本時代所建之六座橋，直到 2001 年才改建為十二生肖橋。

地景雖與日本時代大不相同，但留下了方正的街廓格局和幾棟有代表性的建築，如：基隆女中和基隆官廳舍，前者代表了基隆最早的中學校，後者則為基隆中學校的「奏任官舍」，即為當時提供高等官的宿舍。[5] 到了傍晚，沿著田寮河畔，跑步、遛狗、遛小孩的身影活躍，甚至富狗橋與喜豬橋之間的空地，已然成為年輕人練舞或大哥大姐們唱歌、乘涼的新空間。新舊交替、共存，讓田寮河畔景緻不斷蛻變，呈現欣欣向榮的風貌。

6. 田寮河的十二生肖橋，有幾座會另有加高的拱型橋，以上下階梯方式過河 7. 小獸書屋店內景色 8.1960 年代，田寮河存放大型原木，並用繩索固定住 9. 田寮河盡頭望向基隆地標 10. 田寮河畔行走的人們

雨傘人 TIPS

基隆人曾經對田寮河的記憶是「一條非常臭的大水溝」，途經此處只得捏著鼻子走，都市傳說還笑話：選擇在此跳河的人們還會因為受不了惡臭而反悔。因此，這條位在市區比死亡更令人恐懼的河流，其治理工程一直受到人們關注。經過幾次的清理，近年煥然一新，如果體力足夠，可以嘗試從「鼠」走到「豬」橋，走完一圈也滿足了一天的運動量。而河的兩岸也有不少小吃可以前往嘗試：建議早上到信義市場吃頓道地早餐，像是米苔目、鹹粥，下午到晚上沿著劉銘傳路，一直走到義二路和基隆夜市，都是基隆人生活和尋覓美食的核心戰區之一。中元祭期間，沿著田寮河畔與橋的兩邊，都會掛上姓氏宗親會的燈籠，或黃、或紅、或粉，根據宗親的選擇，每年款式不同，燈排的排數也不一定，只要看見田寮河周遭開始懸掛燈籠就知道中元祭即將來臨；有些姓氏宗親還會在田寮河中放置蓮花燈。每年更迭的燈籠裝飾，明媚動人，夜晚光彩倒映在河上，一期一會，對照這座城市與田寮河彼此的發展。

11. 中元祭期間，以中元燈裝飾田寮河，有時宗親會在河上加入蓮花燈擺設。圖為 2017 年何藍韓宗親主普的田寮河裝飾

④ 陳凱雯（2018）。《日本時代基隆築港之政策、推行與開展（1895-1945）》。國史館。
⑤ 2021 年被官方認證登錄為歷史建築。

基隆銀座華燈初上―義重町

基隆的義二路一帶在日本時代被稱為「基隆銀座」，為日本人生活與消費的一級戰區，銀行、醫院、市役所（市府單位）、吳服店[6]與各式商家還有許多佛寺都坐落於此。戰後，此區域的重要性並未褪色，這裡有最早開始販賣繁體中文書籍的「自立書店（前身為岸田喫茶部）」，旁邊的餐廳前身為「岸田吳服店」，兩間店面從名稱可推知店主姓氏為「岸田」，吳服店的後代家族成員之一可能包含了2021年上任的日本首相岸田文雄，雖然相關證據有限，卻不妨讓此區重獲關注，使得不同時代人們平凡而重要的生活場域更添歷史的重量。

仔細觀察兩棟建築物的立面，雖然書店的立面漆上其他顏色，仍可看出斑駁的油漆下隱藏的紅磚，與隔壁的建築構造相同，有大扇的對開窗戶外，牆面也都有許多線條裝飾，見證了時代的交替與延續。

12. 日本時代，義重町街道還可見整排的鈴蘭街燈佇立。右手邊的店面即為岸田吳服店

13. 義二路承襲「基隆銀座」美名，到了夜晚屬於哨船頭商圈的街燈亮起

1906年以前，義重町並不存在，直到這一年，日本政府於基隆展開第二期築港計畫，利用鱟公島、鱟母島填海造陸，將清代稱呼為「哨船頭」[7]的碼頭用地轉變為新生地，也於1931年改名為日新町（沿海處）與義重町；此外，因作為日本人核心活動區域，當時也以此區優先落實市區改正計畫，造就街道方正的格局。現在看到的義二路不僅延續當年繁榮的商圈特性，從信二路與義二路交叉口望去，還可以看到路面寬廣、筆直且招牌林立。對照地圖，市街格局與日本時代甚無變異，基隆憲兵隊與市政府仍坐落在相同的位置上。

義重町也留有幾座歷史建築，像是隔著一條街，位於義一路上的「市政府前棟」建於 1930 年，而後登錄為歷史建築；市政府附近的憲兵隊建築前身為「臺北憲兵隊基隆分遣所」，經過改建已非往昔風貌。同樣位在信二路與義二路口的一棟紅白相間維多利亞式的建築，經過屋主修復才得以留存。此地自日本時代即商業繁盛，從 1930 年代的明信片可窺知一二，日本時代的鈴蘭街燈貫穿整條義二路，燈景雅致，如今街燈早已凋零，僅存一條巷弄保有鈴蘭街燈妝點，位於前身為「松元蒲鉾店」[8] 旁的巷弄中，在 2015 到 2016 年間，由「哨船頭商圈發展協會」[9] 自發維護與改造巷弄牆面，並讓鈴蘭燈重新在巷弄中亮起。[10]

14. 在鈴蘭巷中，感受鈴蘭街燈為此處營造的時代感

雨傘人 TIPS

現在的義重町不再販售當年日本人的高級物品，然而延續「基隆銀座」的熱鬧，此區域仍然是基隆人生活往來必經之地。義二路上有許多道地美食，建議一日美食之旅：早餐前往「周家蔥油餅」，值得不懼大排長龍購買；午餐再到義二路巷子內「正老牌咖哩麵」，點一份咖哩炒麵配招牌菜，絕對是在地基隆味；晚餐再去「義美石頭火鍋」，必點「蛋腸」，煮熟後形狀看似甜點馬卡龍，吃起來卻相當滑順，口感令人驚豔無比。

⑥ 現今多數說法指吳服店為販賣絲綢等面料的高級和服店。

⑦ 張淑卿（2014 年 8 月 22 日）。〈義重町街道〉。國立臺灣歷史博物館典藏網。https://collections.nmth.gov.tw/CollectionContent.aspx?a=132&rno=2001.008.0081.0022。

⑧ 「蒲鉾」為魚板的意思，現址掛上日本時代店面的招牌，與鈴蘭巷結合試圖營造出當年的日本味。

⑨ 許多在地人仍以「哨船頭」稱呼此區。

⑩ 吳淑君（2016 年 10 月 24 日）。〈基隆港都巷回來了 鈴蘭燈點亮哨船頭〉。聯合報。https://paper.udn.com/udnpaper/PID0026/304567/web/index.html。

輝煌年代夢幻櫥窗－委託行街區 **04**

5. 通往委託行街區的入口之一，到了傍晚會有橙黃的燈飾亮起，氛圍獨特

　　委託行商圈曾是基隆販賣最多舶來品的聚集地，在臺灣普遍能夠自行出國購物之前，藉著船員走私帶貨、美國大兵寄賣或是委託出國帶貨，凡此種種，一定要來委託行。委託行於 1960 年代達顛峰，興盛程度從商家數量超過兩百家以上得以窺見。[11] 委託行街區位在基隆海洋廣場對面，由孝一路、孝二路與忠三路、忠四路包圍的巷弄間，以地利之便見證基隆港貨品往來的繁盛時刻。

　　早年，委託行從攤販形式開始經營，1950 年代至 1975 年韓戰與越戰期間，臺灣成為美軍補給與休閒基地，因此，在基隆上岸的美國大兵時而販賣身上物資，再去酒吧等場所消費，帶動委託行蓬勃發展，而形成固定的店面型態。

　　舶來品得來不易，加上 1970 年代前未開放出國觀光，想要買時髦的外國貨品，只能尋找特殊管道。船員們在日本或香港等港口來回帶貨，正是供需雙方和委託行中介者，三方互惠的交易。船員能夠賺得價差貼補家用，也為民眾帶來海外商品，而委託行也會以好的價格與船員長期合作，穩定貨源，尤其，透過美軍購買美軍福利社（P.X.）的免稅品，[12] 更能以低價進入委託行中。當時，海關或多或少「放行」這些貨物通關，當然還是得給些好處才能打好關係。

街道上方有遮光罩／遮雨棚的架設、巷弄間都鋪成行人徒步地磚，使商圈形成獨樹一幟的氛圍，一棟棟的委託行以一樓為店面，其他樓層則為自家住宅，每間委託行櫥窗的設計精美，極力展現產品的豐富夢幻。委託行主要販賣對象為當時的中產階級家庭。通常來購置高單價的服飾或化妝品，甚至是進口五爪蘋果等，因此，整齊的街區和精緻擺設的櫥窗，如同現代百貨公司，營造吸引人前來購物的舒適空間。

16. 委託行街區的遮雨棚設計，在多雨的基隆也能好好逛街消費

在 1979 年政府開放觀光護照、國人得以出國遊玩前，缺乏如今盛行的代購與網購海外商品的網路平臺，舶來品大都是透過委託行業者搭飛機、搭船出國，前往歐、美、日與香港等地採購，而臺北許多商場也會到基隆進貨；自從出國更加便利、觀光普及，不論是老闆們搭船或坐飛機奔波來回代購的身影與其獲得舶來品的優勢不再，委託行商圈逐漸褪去光芒，甚至很多基隆人也未必知曉委託行的存在。曾經，此地是消費者與下游店家批貨的重要店面，老一輩的記憶中，街區內總是門庭若市；然而，現今存留下來的舊店面不多，人潮不再，與當年興盛的對比之下，不勝唏噓。

17. 委託行店家的內部空間，以玻璃櫃區隔並展示當季新品

雨傘人 TIPS

委託行街區與鄰近的馬路邊都有出入口，其中之一靠近國道一號出口交流道，因此搭乘客運返回基隆海洋廣場，下交流道後往右手邊仔細觀察，就能發覺委託行商圈的標誌。商圈內少數存留的傳統委託行，仍販賣歐美日等地的進口服飾與精品，如：億信委託行，另外也仍有往日的茶莊與美容類的工作室，[13] 如果口袋還不夠深、沒有實力購買高單價的衣物，近年來也有新型態的店面陸續進駐商圈，屬性不盡相同，主力為販賣吃食、點心與咖啡，如丸角自轉生活咖啡、刘堡 BAO、整合基隆伴手禮的福氣委託行與販賣霜淇淋等點心的隆盛委託行，為商圈復甦帶來新的氣象。

18. 委託行街區的新店面─刘堡 BAO

19. 委託行街區的新店面─隆盛委託行

20. 丸角自轉生活咖啡一隅

⑪ 許慈芸（2014）。《基隆委託行的演變及其對基隆地方社會之影響》（碩士論文）。國立臺灣海洋大學。
⑫ 張舒涵（2013）。《戰後基隆委託行空間文化形式之研究（1970s）》（碩士論文）。中原大學。
⑬ 黃淑怡（2019）。《歷史建物區群再利用之研究：基隆市委託行場域轉型為在地文化創意街區的研究與建議》（碩士論文）。崇右影藝科技大學。

洋派摩登時光－哥倫布酒吧

　　哥倫布酒吧開設於 1990 年代，是基隆現正營業中最資深的酒吧，雖然它並不是在 1970 年代基隆酒吧興盛期開業，卻也陪伴許多在地人與外籍船員度過每一個「需要來一杯的時刻」。

　　酒吧文化如何在基隆落地生根？ 1954 年簽署〈中美共同防禦條約〉後，美國除了軍事上協防，臺灣也成為美軍度假及觀光旅遊地之一；隨著美軍參與越戰的兵力數量增加，美國國防部開啟駐外軍人的福利計劃：休息復原計畫（Rest and Recreation Program, R&R），並且在臺灣設立許多軍事基地。基隆雖無基地設施，卻是提供海軍軍艦補給的港口之一，另一則是高雄港。美軍主要活動區域，也造就酒吧與俱樂部林立的景，當時，在基隆忠一路、仁二路與孝三路上，大大的「BAR」字樣招牌，櫛比鱗次。而隨著軍艦在高雄、基隆兩地南來北往的停駐，有些酒吧內的女服務生（又稱作「吧女」）也會跟著在高雄與基隆兩頭尋覓工作；越戰結束後美軍離臺，也留下許多吧女產下混血兒在臺灣生存處境艱難的故事。[14]

22. 哥倫布巷，巷頭酒吧和巷尾代明宮，形成強烈對比

. 哥倫布酒吧街景，紅磚外牆保有時代感

23. 孝三路 1979 年與 2016 年對比，前者酒吧店面較多，可看出街景變化

　　雖然基隆的酒吧沒有留下更多當年的畫面，但酒吧名片也透露不少訊息，除了印有英文的店名與地址外，還會加上其他宣傳的噱頭，像是「Air-conditioned」、「Attractive Girls」等字樣代表了不同店家之間，以硬體設施與吧女服務作為競爭的訊息。

　　哥倫布酒吧位在孝三路 30 巷的巷弄裡，站在周邊頹廢的紅磚建築與路邊兩側停滿機車的狹窄中，產生一種與世隔絕之感，走進店內，看見保留下來的木頭裝潢、昏黃的燈光與牆上各式舊照片，再點一首美式老歌，來此喝杯酒，微醺中也恍如隔世，有時候喝酒就是需要用時代佐味！

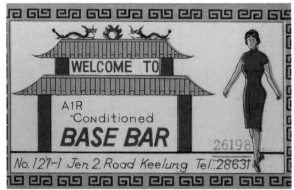

24. 早期酒吧名片　　　　　　　　　　　　　　　25. 早期酒吧名片

雨傘人 TIPS

　　小巷中除了有酒吧外，在巷尾還有一間建於 1861 年的代明宮，由張賜歡與教友所建，奉祀三寶佛、太陽星君、太陰娘娘，因此又被稱作「太陽媽廟」。代明宮原先稱為源齋堂，直到 1923 年才改名；屬於齋教龍華派，為佛教支派，是在家持齋修行的民間教派，此教派自清代傳入臺灣。因此前身為源齋堂的代明宮可說是歷史悠久、堪稱基隆最早的佛堂，廟內也有保留清代的古物。[15]

　　代明宮值得一看的特殊之處不只在其歷史，空間上也不同於一般廟宇。原位於 1 樓的廟宇因經歷二戰時期轟炸，重建後改至 2 樓，涵蓋寬廣的廟埕和祭祀空間。1 樓則出租為商場空間，走過商場大多看到鐵捲門緊閉，仍可看到服裝修改、理髮店等招牌。從狹小的巷弄望去，巷尾的代明宮，看起來像是被兩側房舍夾擊；與酒吧看似南轅北轍的性質，透過紅磚形成巷子在視覺上的一致感，這條巷子的奇特組合，也只有在基隆才見怪不怪。

⑭ 陳中勳（2018）。《失落在膚色底下的歷史：追尋美軍混血兒的生命脈絡》。行人文化實驗室。
⑮ 丘國宣（2020 年 6 月 22 日）。〈代明宮〉。國家文化記憶庫。https://memory.culture.tw/Home/Detail?Id=259164&IndexCode=Culture_Place

粉色霓虹地帶－自來街卡拉 OK 與小吃店

06

06. 小吃店旖旎風光，親切招待來此處的每一位客人

CHAPTER 1

―閃爍基隆―

　　現代人俗稱的「阿公店」，亦指茶店仔、卡拉 OK 或小吃店。1970 至 1980 年代曾經在基隆相當盛行，然而不同之處在於，主要消費群為「碼頭工人」，既是新進工人為了打入群體而去的聚會之一，也是慰勞自己，聊天喝酒、紓解壓力的去處。

　　1970 年代運輸貨櫃化，基隆港迎來大量國際貨船所帶動的就業機會，許多男性從其他縣市前來討生活，成為口袋賺滿滿的碼頭工人。碼頭工作性質屬於隨叫隨到，除了碼頭工會提供候工室休息外，短暫的休憩時間，使得港口周圍的茶店、卡拉 OK 或小吃店等娛樂產業也隨之而生。店內坐檯的女性工作者，陪伴這群碼頭工人一起喝酒、喝茶、唱歌，在他們之間形成一種「伴文化」。[16] 然而，「伴」產業也隨著國際貨船停泊盛況不再，而隨之蕭條。

⑯ 魏明毅（2012）。《基隆碼頭工人：貨船、情感及其社會生活》（碩士論文）。國立清華大學。

　　自來街的娛樂產業，在空間與時間上與廟口夜市的興盛，背道而馳，雖然兩者都在基隆火車站附近，可早已不見當年碼頭工人聚集消費的景象。如今，小吃店到了晚上依舊會亮起招牌霓虹燈，店內以粉色燈光為基調，卡座包廂從現在的眼光看來有些復古，姊姊們身著亮麗洋裝與絲襪，對客人貼心招待。至今仍有些年長男性，到茶店或孝三路卡拉 OK 店，泡一壺茶，尋找陪伴，彷彿當時壯年的碼頭工人們，跟著基隆港和這條街，一起見證歲月的痕跡。

27. 夜晚自來街小吃店景色。店門口的粉色霓虹透出店外，也是此區特徵之一

28. 自來街整排小吃店，坐落於城市邊緣地帶，自有一番熱鬧

雨傘人 TIPS

　　小吃店通常兼營卡拉 OK 店，氣氛格外有情調，來這裡吃點水果、喝點茶，尤其在粉色燈光下和卡座沙發形成的小包間，帶有一點隱私感。現代年輕人去 KTV 唱歌交友早已見怪不怪，說起卡拉 OK 店可能還覺得有點落伍或者歌單不夠潮流，但到了一定年紀，一定會有幾首自己必點的老歌。卡拉 OK 店給人的感覺更是凝結在特定的時光之中，只不過歌唱設備隨著時代更新。來這裡可以選擇是否有姊姊們坐檯唱歌，不難想像如果要聊一點基隆的日常、回憶當年，或泡茶打發時光，這裡都是消費金額較低也有陪伴感的選擇之一。在新冠肺炎期間，這裡成為人們口中群聚危險的「阿公店」，倍受有色眼光看待。然而，實際上和姊姊們交談，感受到努力學唱歌與認真工作的她們，和每一位在基隆生活的人們沒有不同。甚至，因為她們曾歷經基隆輝煌年代，看過美國大兵來來去去，而後又親身經歷產業沒落，聽她們訴說當年分外有意思！她們歷經的故事太多，每張粉色燈光下的面孔，都曾在繁榮的基隆港邊占有一席之地。

點亮禁忌邊陲─鐵路街紅燈區

07

基隆「鐵路街」，由於紅燈戶與其他卡拉 OK、小吃店，集中在龍安街與鐵路旁的一排矮房當中，因而盛名。基隆的紅燈區，既靠近港邊、鐵路，卻又相當隱密，不處於鬧區核心卻又隱身於在地活動區域附近，來往行走必經之地。這裡是許多父母耳提面命不要亂跑的地方，更是社區發展、都市更新與女性主義等論述中，爭議不下的產業。

29. 鐵路街緊鄰生活場所，行人經常在此等候火車通過，也是鐵道迷駐足拍攝的地點

1946 年，鐵路街原本只有幾間私娼館坐落於此，[17] 由於地理位置上靠近港邊，且在戰後來臺的國軍軍營附近，因此逐漸形成相當規模，成為船員或碼頭工人休閒娛樂，以及許多「老兵」解決需求的去處之一。龍安街外，白天可以看到在陸橋下車水馬龍的市集人潮，這些市集攤販多半在鐵皮屋下成排地經營著；到了晚上，紅燈戶具有辨識度的燈光亮起，約略就能分辨紅燈戶與社區住戶的差異。

30. 鐵路街即意涵著鐵路平交道，及人們工作與生活場域的交會

31. 鐵路街周邊共存市場與活動場所，圖為龍安街攤販

⑰ 許雅惠（2015）。《從性專區爭議看基隆「鐵路街」慾望地景》（碩士論文）。華梵大學。

　　仔細觀察，紅燈戶的門上大部分會額外加裝向外突出的鐵欄杆，性工作者們即透過鐵窗向外招攬客人，有的還會加裝門簾阻擋視線；有別於早期用徛壁（khiā-piah）的方式攬客，這是近 20 年衍伸出與社區鄰里妥協共存的方式，讓客人更容易區隔一般住戶與性工作者的差異，同時也兼具躲避警察巡邏的視線。警察與紅燈區之間的關係向來敏感，除了自 2019 年開始受到疫情影響，警方啟動嚴格管控外，過去幾年偶爾能在新聞上看到警察抓捕查緝的新聞；這裡是大家都知道的存在，卻時常成為被社會排除的角落。

雨傘人 TIPS

　　大學時期曾聽過社團法人臺北市日日春關懷互助協會的性工作者演講，對於性工作的勞動技術和從業面對的歧視，模模糊糊有些微瞭解，卻未曾與他們在真實的生活場域中相遇。我還記得第一次走進狹小的鐵路街巷弄中，從屋子透出來的粉色燈光並未帶來一絲旖旎的感受，反而是頭頂諸多監視器、屋內可見的監視畫面，以及性工作者們的視線讓我感到惴惴不安。當下，我深怕自己眼神傳遞錯誤訊息，而冒犯她們，只敢怯怯地用餘光打量，現在回想，當時我的神情態度似乎更顯突兀。無論如何，來到這裡可以把當初成立性專區時的正反辯論擱在心中，不要過早下定論，保持對性工作者們禮貌與尊重，不要在他們的工作場域打擾對方，就算是不經意走過，也能一同想像此處未來有任何變化的可能。

義隆魚行

魚市囡仔的人生剪影—彭瑞祺

崁仔頂魚市聯誼會會長—彭瑞祺，從小在魚市長大，跟著長輩出海捕魚、或是凌晨看魚行拍賣，童年曾在「沒加蓋」的旭川河旁自在游泳、自製器材釣魚，可說是標準的魚市囡仔（gín-á）。

四十年如一日 ───

民國 62 年，承襲「義隆魚行」，不再兼營乾貨、專做生鮮魚市，開啟彭瑞祺在魚市、漁港來回奔波的人生。下午 4 點多，漁船陸續進港，彭瑞祺會前往港邊瞭解情況，與有互信基礎的捕魚船公司彼此用暗碼聯繫，確認今天的漁獲大小、數量，爭取銷貨。緊接著準備魚市開市直到凌晨。在政府規定星期一需要固定休市之前，魚市除了颱風天，全年無休。兒子小學時期，他驚覺自己是兒子班上唯一沒有回家吃晚餐的爸爸，才省悟，無論在海邊如何奔波，也要回家陪伴家人吃頓飯。

耀「手」養成的風霜歲月───

70 歲仍精力旺盛的彭瑞祺，心願是培育魚行各方面的新鮮人。魚行的靈魂人物之一「耀手」，負責晚上漁獲拍賣，工作變遷最大：過往學徒制培訓中，為習得不同風向對濕度、氣壓的影響，學徒們從擦桌子、掃廁所開始感受，還要學會辨別不同來源的漁獲、精通算盤、心算；他感嘆如今科技帶來便利，耀手學習的內容簡單多了，只剩下彭會長這雙耀「手」仍保留老時代的

痕跡，過去沒有電子秤，只能徒手抓銅環秤魚，他的手心結了厚厚的繭，尤其冬天還會裂開，他笑說手像「刮鬍刀片」，不敢牽老婆的手怕會割傷另一半。

魚市職人的不眠夜 ───

店門前紅磚拱型的建築，標誌出義隆的獨特性，營業時，騎樓間的保麗龍箱上放著一筐筐當日新鮮漁獲。魚行 2 樓原是耀手學徒時期的宿舍，現在改為休息區。

魚行工作日夜顛倒，耗費相當多體力，卻難定時用餐，偶爾叫宵夜充飢，像是崁仔頂三明治配奶茶，或煮泡麵再加顆蛋。人在港邊就吃得隨意，做耀手更沒時間，耗費的不僅是拍賣喊價的體力，還有觀察賣家、計算價錢的注意力，彭瑞祺常在魚行收攤後癱坐在 2 樓座椅上，讓自己放空一陣子才能慢慢找回能量。彭瑞祺年輕時還是運動好手，不在魚行或港口時，會空出 1 個小時去練柔道，難怪古稀之年，還有如此熱情盎然的續航力！

億信委託行

承襲雨都黃金歲月—吳振宏

L 型的明淨櫥窗陳列滿滿精品衣帽與包包，大門兩旁，設計大片透明櫥窗展示不同風格穿搭，從輕鬆休閒到正式場合，琳瑯滿目，櫃檯後則吊掛一排深色男用西裝⋯⋯

時光停格在七零年代

億信委託行經營至今約半世紀，自 2020 年父親過世，第二代老闆吳振宏結束通勤臺北的工作，和母親繼續經營。與其他隱沒在巷弄裡的委託行相比，億信除了有第二代接手，或因位在客軍往返的孝二路角間、店址極佳，才能在時代淘選中生存下來。

吳振宏強調以前的委託行商圈「比廟口夜市還要熱鬧」，幾百家委託行都擠滿了客人，商品應有盡有，媲美百貨公司。他指著舊照片說，以前還展示比巴掌大的蘋果，牆上擺設的史努比特鐘、玻璃罐子裝的乾貨⋯⋯，看得到的通通都賣。

吳振宏高中畢業後，曾在自家委託行累積 10 幾年工作經驗。「到日本採購服飾」是最重要的環節，攤開名片簿，裡頭塞滿日文名片，來自年輕時跟著父親到日本一間間拜訪成衣工廠挑選衣物、談生意；親自採購是為了實際觸摸、篩選布料，從工廠採買成本低又能選到新品，並確認工廠是否持續營運。

委託行第二代的新風格

吳振宏去日本採購的頻率遵循四季更迭，夏、冬最為頻繁；一件件吊掛的西裝，光是同一款式的不同顏色、布料、花紋、尺寸都必須採購齊全，每次服飾採購量相當驚人。採購之餘，還能看場棒球賽或與移居日本的親人相聚。店內櫥窗擺了一臺小電視播放棒球賽事、牆上一張張棒球海報、櫃檯壓著的日本棒球比賽門票，展露出個人風格與巧思。

店內服裝樣式獨特，舞臺風格強烈，不少藝人都會來店內採購。自他接手後，過往只銷售男性服飾、Made in Japan 西裝的億信，突破規格添置各式女包，據他觀察，女性顧客更容易受精緻櫥窗擺設吸引走入店內，消費力更是出乎他意料之外！

近年感受到媒體採訪、政府關心，讓更多人發現委託行的存在，他期盼未來有更多新形態商店進駐，吸引人潮，突破商圈的發展困境。委託行的位置離美食街孝三路與仁愛市場極近，逛街逛餓的時候，還能輕易覓得基隆美食。

小旅行路線：走訪雨都生活光景

基隆港畔周圍富含光影閃爍的庶民日常，我們凝煉出 3 條路線推薦給你：半夜在魚市的鹵素燈、義重町雅致的鈴蘭街燈下，一起「魚市無眠」；城市邊陲的紅燈區、茶店，與沒落的美軍酒吧，成為許多長輩的記憶中不能說的「紅燈禁忌」。還有，田寮河映射日本時代的歷史，棋盤式街區與歷史建物，以及口耳相傳的故事，交織成我們在「田寮河畔」的日常。

01 魚市無眠

推薦路線：長榮桂冠 → 鈴蘭街道 → 官道 → 崁仔頂魚市 → 委託行街區

這趟小旅行路線最特別之處在於，在光影中，夜視基隆徹夜未眠的每一處，從港口東岸往南岸靠近，目的是遙想不同時代下的基隆樣貌，探望夜半職人們工作的身影。

以基隆中正路上的長榮桂冠作為起點，前往義二路義重町。走在這段路上，很難想像其實是海埔新生地！看過夜晚巷弄中的鈴蘭街道，再穿越基隆廟口夜市，抵達崁仔頂魚市前，會先經過基隆愛三路 49 巷的「官道」，據說在清代是重要道路，這裡有間福德宮，頭頂上方掛滿成排的粉色燈籠，附近還有擇日館、中藥鋪、金紙店，曾經還有棺材行，可以說是生、老、病、死都能在此找到答案。

走出巷口，前往崁仔頂魚市，放眼望去漁獲滿滿，走累了，不妨先去享用「大白鯊」魚丸、豆干包，一定能溫暖你的胃，再者，一定要去附近的酒吧甚至是熱炒店來杯臺式調酒─三光，[18] 體驗保力達 B、米酒與維大力的混搭風味；各地工人有不同種提神飲料套酒的配方，而「三光」更獨屬於基隆碼頭工人。最後沿著基隆孝一路，光臨曾經輝煌一時的委託行街區。無論是港口、還是陸地上的臺灣頭，基隆歷史發展凝聚的亮點曖曖含光，千萬別小覷基隆無窮的魅力。

---

[18] 用三光稱呼此套酒的由來相當有趣，若喝了其中兩樣配方的套酒，就說會變得「兩光（lióng-kong）」，因此再增添一味，就戲稱為三光。另外此酒也有人說是「三公」，據說是對神明們的敬稱；兩種稱呼現在都有人使用。

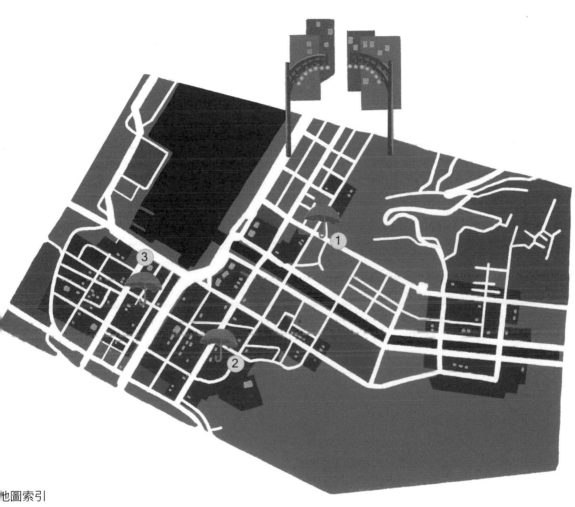

也圖索引

1 鈴蘭街道

2 官道

3 崁仔頂魚市

02 紅燈禁忌

推薦路線：基隆火車站 → 中山橋 → 哥倫布巷 → 自來街

　　「紅燈禁忌」從基隆火車站出發，自交通要道切入城市邊陲地帶，在鐵路、公路與河流之間，穿梭基隆早年因港口蓬勃發展，而活躍的獨特產業痕跡，像是碼頭工人、酒吧、茶店與紅燈戶等等。

　　離火車南站出口最近的第一個景點是「中山橋」，這裡又被美稱為「舒淇橋」，是侯孝賢導演拍攝《千禧曼波》的著名場景，也曾有韓國電影來此拍攝。中山橋橫越鐵軌上方，除了適合拍照打卡也能欣賞下方火車來往的風景。接著，走進另一個時代巷弄—哥倫布巷，許多活動區域形成西式酒吧林立的場景，隨著美軍離去，許多羅曼蒂克的風流往事都隨著酒吧關閉而成追憶。

　　從孝三路拉回鐵道方向，來到「自來街」，白天看來不起眼的場域，一旦小吃店與卡拉 OK 店的霓虹招牌亮起，宣告夜生活啟動。沿著這條街與鐵道方向走，更走入另一個夜的秘境—鐵路街紅燈區。

閃爍基隆

地圖索引

① 中山橋

② 哥倫布巷

③ 自來街

03 田寮河畔

推薦路線：基隆女中 → 基隆中學校官舍 → 光隆家商 → 基隆忠烈祠

以田寮河為核心，感受日本時代市區改正下，日本人生活的痕跡。靠近信一路一側曾是日本人活動的主要區域，基隆神社、學校、官舍等都位於此處；相較之下，靠近仁一路與基隆港南岸區域，則是臺灣人自清代延續下來的市街與主要生活聚落。

沿著田寮河信一路一側從「財鼠橋」開始走，會看見「國立基隆女中」，前身為建校於 1924 年「臺北州立基隆高等女學校」，義七路則有建於 1930 年代的歷史建築群「基隆中學校官舍」；此外，立在基隆光隆家商校門內的紅磚西式建築，依稀呈現基隆顏家陌園的部分遺跡。[19] 再來，一覽義二路上「基隆忠烈祠」，前身為「基隆神社」，不僅守護基隆，也是日本人來此居住後祈求航海平安、舉辦婚喪喜慶等儀式的重要場域。

最後，仁一路一側值得關注的是「田寮港遊廓」，大約位於「福虎橋」與「玉兔橋」之間。遊廓是日本時代的性產業，附近設有婦人病院等醫療機構預防或治療性病；為了管理性產業，還有公家機關「檢番」進行管理。遊廓產業自 1930 年代後景氣不再，只剩下舊照片與官方資料能證明遊廓在田寮河畔曾經存在。

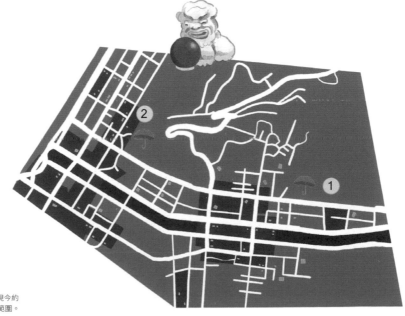

地圖索引

 基隆中學校官舍

2 基隆忠烈祠

◎ 陌園佔地幅員廣大，根據 1917 年的市區改正計畫圖，在現今約莫信二路與義六路上有大塊土地標示「顏雲年」即為陌園範圍。

—閃爍基隆—

閃爍基隆雨傘人　吳冠萱

在基隆成長，學會了不讓雨傘在風雨中，因上下山趕路而開花；揹著重重的書包爬過幾個好漢坡，邊坡旁的「姑婆芋」和「蕨類」是放學回家的日常風景。後來，有大半的時光都在臺北通勤求學，還沒好好認識基隆，記憶中的它已悄悄換上不同面貌。

在差點成為公民老師的路上，我逐漸對城市文化治理感到興趣，重新觀看基隆，也開始追趕它的歷史，回望那片既熟悉又陌生的山與海，在「雨都漫步」中體驗這些美好。

走踏美食

周家蔥油餅
中正區信二路 309 號

正老牌咖哩麵
中正區義二路 2 巷 7 號

義美石頭火鍋
中正區信二路 303 號

──閃爍基隆──

浪潮基隆──

航海時代波瀾壯闊，

徜徉基隆冒險犯難的海洋精神。

浪潮基隆

1. 從社寮福德宮望向正濱漁港，寧靜又美麗

奮鬥不懈討海魂

　　基隆港位於臺灣本島北端，三面層巒環抱，有著臺灣頭、臺灣北玄關之稱。17 世紀大航海時代，西班牙人來到基隆和平島（舊名社寮島）建造聖薩爾瓦多城，讓這塊土地與世界接軌，打開國際視野，寫下輝煌的歷史。諺語「北社寮、南大員」，代表基隆聖薩爾瓦多城與當時荷蘭人在臺南建立的熱蘭遮城遙相呼應，多元文化在社寮島交織融合，如今還保存西班牙人的遺跡、荷蘭人的文字、日本人的宿舍、琉球人的聚落和漁業技術，以及原住民文化。

　　「今夜又是風雨微微，異鄉的都市，路燈

青青照著水滴，引阮心悲意。」20 世紀之初至今，基隆港周邊就業機會吸引異鄉人紛至沓來。日本時代築港工程，大批日本技術人員遠渡重洋至仙洞一帶「築港出張所官舍」（終戰後更名為高遠新村）居住和工作；而後，1960 年代，基隆港做為國際轉運大港，全臺各地來此討生活的族群，為基隆燃起一波黃金年代的榮景。

　　戰後，基隆港貨櫃運輸產業越發繁榮，於1984 年躍升成為世界第七大貨櫃港。近年，根據國際郵輪協會（CLIA）報告，2018 ～ 2020年基隆港為亞洲第三大的郵輪停靠港，為基隆新

浪潮基隆

增許多經濟效益。逐漸轉型的基隆港，也從服務
「貨」，轉變成服務「人」。

　　「天那麼黑，風這麼大，*爸爸捕魚去，為
什麼還不回家？*」基隆不僅有第一座現代化港埠
建設，日本時代全臺規模最大、設備最完整的漁
港—正濱漁港，也是戰後基隆遠洋漁業重要的卸
魚碼頭；隨著時代演進，八斗子漁港取代正濱漁
港，成為北臺灣最大漁港，仍保存許多扛浪老
船長的冒險記憶。而這一縷與海共生的「討海
魂」，每到夏日，能在那些漁港邊跳下海水消暑
的孩子身上，看見相同的信念。

見證大航海時代－和平島諸聖教堂

01

　　和平島，一座離臺灣本島最近的離島，彈丸之地卻擁有濃厚的歷史與故事。你能想像漫步在和平島的巷弄裡，便能看見 17 世紀道明會興建的諸聖教堂遺址；坐在家常麵攤裡，望見的風景竟然是上千年的考古遺址，跨越的歷史遠至新石器時代！

　　國立臺灣大學外文系鮑曉鷗（José Eugenio Borao）教授藉由對比歷史圖像做了初步定位，曾在 2002 年探測到昔日西班牙的堡壘位在台船船塢的工廠下方，但因無法取得台船的開挖許可，只好轉向到可能存有遺址的台船停車場。雖說起初在探測時，並沒有在停車場下面發現教堂地基的跡象，但鮑曉鷗在重新解讀 1654 年的大臺北地區古地圖後，向考古團隊建議了停車場的開挖位置。2011 年，清華大學人類學研究所長臧振華、西班牙考古學者 María Cruz Berrocal 博士，在考古團隊合作努力下，於和平島平一路屬於台船的停車場，挖掘出 3 具歐洲人、1 具原住民孩童遺骸與甕棺，確認此處就是西班牙人所建的諸聖教堂。[1]

2. 諸聖教堂考古遺址內一景

　　隨著西班牙軍隊來到和平島，天主教道明會的傳教士，[2] 於當地建設諸聖教堂以進行傳教，更將教堂作為牧師們到中國或日本傳教的中繼站。[3] 根據歷史記載，荷蘭人擊敗西班牙人之後，曾將島上的西班牙俘虜囚禁在教堂。[4] 持續挖掘教堂遺址，還發現西元前 400 年到西元前 2,000 年的鐵器時期文化地層，以及西元前 3,000 多年的圓山文化地層。

　　依據鮑曉鷗教授的研究指出，諸聖教堂在 1638 年開始進行工程。而在 1641 年，荷蘭人試圖攻佔和平島上的聖薩爾瓦多城時，曾佔據諸聖教堂；1642 年，荷蘭人發動第二次進攻，並成功擊敗西班牙人，取得北臺灣的統治權。聖薩爾瓦多城長官 Pedro Palomino，曾反對建造諸聖教堂，他擔心教堂會成為荷蘭人主要攻擊目標，甚至在第二次荷蘭人發動進攻前，親自拆除諸聖教堂。最終，諸聖教堂並未被完全拆除，在西班牙人戰敗後，荷蘭人將其作為西班牙投降士兵的安置所，並在此準備將西班牙士兵遣送回巴達維亞。

地狭人稠的和平島，在西班牙時期有著一座傳授天主教教義、教授西班牙語的諸聖教堂，而在歲月的沖刷下，掩埋在現代停車場地底之下；在諸聖教堂遺址重見天日後，驟減的停車位，曾引發居民抗議行動。2022 年，諸聖教堂考古遺址獲得文化部核定，將進行「和平島 B 考古遺址」解說中心的工程，建立起基隆第一個考古教育基地與和平島地區的文化觀光地標。「小島大歷史」，不僅承載豐富歷史的發掘，更迎來遺產遺址保存的挑戰。

3. 位在和平島平一路上的諸聖教堂考古遺址，未來將變成「和平島 B 考古遺址」解說中心（圖片攝於 2022 年 4 月）

雨傘人 TIPS

來到諸聖教堂參訪考古遺址，肚子餓的話，推薦到對面的「藍媽媽和平島青苔水餃」，一享在地海藻與石花凍特色飲食。

店內招牌「青苔水餃」，內餡裡加入豬肉與海藻，也推薦點上一份透抽水餃，內餡混入新鮮透抽；另外，也可以加點一碗青苔餛飩湯，包入海藻內餡的餛飩，配上加入海藻的湯頭。種種佳餚，口感豐富、鮮味四溢、色香味俱全。

若是在炎炎夏日來訪，不能忘記來一杯黑糖石花凍，滑溜順口，讓人涮嘴地一杯接著一杯。而人稱「藍媽媽」的藍秀鳳女士，雖然已 70 多歲，仍積極推動和平島觀光發展與社區營造，想瞭解與和平島有關的歷史與故事，都可以向藍媽媽請教，讓你肚子飽飽、收穫滿滿，不虛此行。

4. 藍媽媽和平島青苔水餃

吳淑君（2019 年 7 月 14 日）。〈基隆和平島 挖出諸聖教堂遺址〉。聯合報。https://www.nthu.edu.tw/mediaReport/content/853。
溫振華（2017 年 5 月）。〈天主教道明會在臺灣的傳教〉。《臺灣學通訊》，99 期，頁 30。
鮑曉鷗（José Eugenio Borao）著、鍾宜庭譯（2020 年 11 月）。〈和平島考古挖掘下的諸聖教堂〉。《海想知道》，2 卷，頁 10-15。
張岱屏（2022 年 2 月 17 日）。〈和平島的西班牙記憶〉。我們的島。https://ourisland.pts.org.tw/content/5919#。

世世代代討海人—八斗子漁村

　　八斗子漁村從最早的小漁村，歷經清代、日本時代、戰後國民政府，到 1979 年漁港興建完工，成為北臺灣的第一大漁港，一一見證臺灣漁業發展的演變；然而，海洋資源逐漸枯竭、人口外移等原因，使得過往年年豐收、熱鬧喧嘩的景象已不復見。

　　基隆俗諺「水尾許，八斗子杜，三貂吳」。傳說，八斗子原為平埔族居住地，1770 年左右，清代自福建遷來的杜姓五兄弟，分居於七斗子與八斗子，從事捕魚工作，由於魚產豐富，招來親族與同鄉，人口逐漸增加，形成聚落。早期的八斗子人會利用「咾咕石」疊砌成牆面，咾咕石即是指「珊瑚礁岩體（珊瑚礁石灰岩）」，而珊瑚之間的縫隙會利用貝類或珊瑚礁燒成的石灰來黏貼，蓋成一間間的咾咕石厝。為了因應基隆多雨、潮濕等特性，屋頂會使用瓦片、油毛氈等防水、防潮。

5. 八斗子漁村巷弄內的咾咕石厝

　　早期的八斗子漁村有許多漁獲加工的魚寮，曾為船長的八斗里杜劍秋里長回憶，將煮過海鮮的水流到大海，魚鮮味能吸引許多魚群，便能輕易地抓到魚，「甚至當媽媽要煮魚湯時，小孩子還會跑到海邊抓魚，抓一抓回家就可以讓媽媽煮一鍋魚湯了。」[5]

　　1975 年，為配合基隆漁業的快速發展，並解決正濱漁港漁船使用地不足的問題，八斗子大型漁港正式動工；1979 年，興建完工的八斗子漁港，隨著煤礦停採、海洋資源日漸枯竭、漁業經濟日漸衰退，許多年輕人逐漸出走，使得八斗子漁村逐漸沒落，面臨傳統漁村文化消失的危機。

6. 八斗子漁港

坐落在八斗子漁港旁小巷弄裡的「八斗子漁村文物館」，長年關心漁村發展，記錄漁村歷史，裡面收藏許多船模型、漁具、航海器物、老照片等等；二樓為「八斗書屋」，蒐集漁民、漁業的相關書籍。而八斗子漁村文物館自 2012 年起發行《東北風》刊物，從八斗子漁民的故事、漁民討海智慧、漁村歷史到深度訪談……，將八斗子漁村的真實生活紀錄下來，讓更多人能認識八斗子與討海人的生命經驗，傳承八斗子漁村文化。

7. 八斗子漁村文物館，蘊藏豐富的漁村文物

雨傘人 TIPS

沿著八斗子漁村往八斗子油庫的方向走到底，會來到看海秘境一大坪海岸，其為典型的海蝕平臺，春天時會覆蓋上整片的海藻，宛如「綠寶石秘境」。十分推薦到大坪海岸欣賞日落，坐在海蝕平臺，望向大海，聽著浪花輕拍岸邊的浪潮聲，可以帶你忘卻一切憂煩，享受寧靜時刻。看完美景肚子餓的話，位於八斗子漁村巷弄裡的「藻遍海餃」，有三種獨特的水餃口味一綠色、黃色、黑色一分別代表海藻、飛魚卵、小管，絕對是你不曾體驗過的水餃盛宴！另外，離八斗子漁村不遠的調和市場，裡頭有一間很厲害的乾麵店一溱湘小吃店，Q 彈的陽春麵搭配上豬油、油蔥，攪拌後整碗麵充滿香氣，再配上其他的小菜點綴，一定讓你回味無窮。

8. 大坪海岸

CHAPTER 2

——浪潮基隆——

海岸秘境鬼斧神工－仙洞巖（臨濟宗靈仙洞最勝寺） **03**

　　位在基隆西岸的仙洞巖，是一處天然的海蝕洞，經過長年的海水衝擊，形成現今特殊的海蝕奇景，曾相傳有仙人在此修行，得道升天，因而得名，擁有濃厚神祕感。仙洞巖的深度大約 80 多公尺，分為主洞、右洞、左洞。主洞洞內岩壁上所刻的石雕佛像，為 1970 年代基隆市石雕家李榮坤先生的作品。

9. 仙洞巖

　　清代，分巡臺澎督學使者夏獻綸，在 1874 年來到仙洞巖，留下碑刻「海外洞天」四個大字與遊記；宜蘭詩人李逢時，亦在其詩作〈基隆八景〉，[6] 其一〈仙洞鳴泉〉詩句「山深別有煙霞趣，不必飛昇人亦仙」，表達出仙洞巖的旨趣。日本時代，身為基隆詩社兩大推手之一的許梓桑，也留下「基隆八景」的詩作，其中〈仙洞聽濤〉寫下「空留石洞隱仙蹤，髣髴桃源一樣同。海國波濤長擾夢，聲聲入耳聽玲瓏」，便生動刻劃出當時仙洞巖的面貌。仙洞裡不時香煙裊裊升起，搭配彎曲的海蝕地景，一走進仙洞拜神時，宛如走進了奇幻仙境。

　　關於仙洞巖的信仰，清代時，並未有明確記載。[7] 到了日本時代，在 1900 年（明治 33 年）以前仙洞巖是佛教支派「齋教」的修行之地。而 1900 年日本人於此興建「弁財天神社」，供奉日本神佛合一的女神－源自印度教「辯才天女」，掌管口才、音樂與財富；之後，從 1900～1907 年（明治 40 年），漢傳佛教禪宗流派傳人之一的伊東大器，為了建設「臨濟宗」布教所，取得該地的土地使用協約書。

日後，齋教的勢力逐漸被驅逐，仙洞巖因此變成以日本佛教及神道教的形式並存。1923 年（大正 12 年），臨濟宗管長五葉愚溪頒布「靈山洞最勝寺」的公開稱號；除此之外，曹洞宗久寶寺住職小林大壽首倡，複製日本關西地區祭祀觀音的三十三所觀音靈場本尊（稱之「日本西國三十三所觀音」），引入到基隆各地寺院；仙洞巖有著第九番「不空羂索觀世音菩薩」，與第十番「千手觀音」。到了終戰以後，最勝寺由基隆憲兵隊接收後屬於基隆市政府，之後進行轉賣，仙洞巖變回私人財產。現今的仙洞巖已完全切割與日本臨濟宗的連結，以承繼中國佛教體系月眉山臨泉禪寺自居。[8]

10. 仙洞巖的岩壁及圓通寶殿

雨傘人 TIPS

十分推薦走進仙洞巖左洞的「一線天」，狹小的通道，可以感受大自然的奧妙。不過由於內部行走的空間較為狹窄及幽閉，身材較為高大的朋友，有些路段須以爬行的方式前行，而對於密閉空間感到不適者，請先自行評估個人的身心狀況，再選擇是否進入左洞。另外，別忘了到仙洞巖隔壁的「佛手洞」走走，其也是天然海蝕洞，洞內深處的上方石壁，有經過天然風化而形成如同佛手印一般的奇妙景觀。若是雨天時，或雨天過後來訪的朋友，要多加留意地上的積水，避免濕滑跌倒。如果想體驗半夜的鮮魚湯來暖暖胃的話，推薦可到位於仙洞巖旁邊、半夜 1：30 開始營業的「俞家清魚湯」，點上一份「半飯半麵」，外加一碗鮮魚味噌湯。不過要去之前，記得先到他們的臉書粉絲專頁，查詢一下公休時間，避免空手而歸！

11. 佛手洞也為天然海蝕洞

⑥ 許惠玟（2007）。《道咸同時期（1821-1874）臺灣本土文人詩作研究》（博士論文）。國立中山大學，頁 161。
⑦ 關於仙洞巖於清代的紀錄可參考葉玉雯（2021）。《日本佛教在基隆的創見與發展》。國家出版社，頁 84-86。
⑧ 葉玉雯（2021）。《日本佛教在基隆的創見與發展》。國家出版社，頁 84-109。

浪潮基隆

帝國爭霸戰略要地─基隆港

位處關鍵海運樞紐，基隆自大航海時代就是兵家必爭之地。清代，國際勢力叩關影響，雞籠港作為淡水港的附屬港而開放，1860 年代以後，逐漸與世界貿易體系接軌。日本時代，臺灣總督府為了強化母國利益，再加上自甲午戰爭後，神戶成為東亞地區最大的港口，日本與臺灣之間開啟了神戶到基隆的定期航線；1899 年，臺灣總督府決議展開基隆港的現代化築港工程。之後，歷經戰火與重建，於 1950 年代臺灣經濟逐漸起飛，港口提供許多就業機會，便吸引來自全臺各地的少年仔，到此揮灑汗水、追逐夢想。基隆港鄰近市中心生活圈及陸海交通運輸便利的情況下，港口與基隆市區合而為一，形成少見的「港口即市區」。

12. 基隆港

13.1899 年基隆港築港之前之平面圖，圖中仍可見鱟公島及鱟母島

14.1906 年第二期基隆港築港工程之平面圖

1626 年，西班牙人來基隆時，進行過調查，在其所繪製的北臺灣地圖中可見當時的基隆港、和平島等，以及港內的鱟公島、鱟母島，讓基隆躍入國際視野。1886 年，清代，劉銘傳進行基隆港的建港規劃，但因其離職之故，只完成一座陸海聯運碼頭。直至日本時代，鱟公、鱟母兩座小島在第一期築港工程之前的平面圖，仍可見蹤影，但於第二期的築港工程計畫（1906～1912）時已被鑿除、剷平。

日本時代的築港工程計畫分為五個階段：第一期工程（1899～1906）為連結日本及臺灣的交通，濬渫港灣；第二期工程（1906～1912）為建設港口海運連結設備及填埋地、疏浚運河；第二期追加工程（1912～1928）為擴充碼頭倉庫等設備；第三期工程（1929～1934）為擴充船席與倉庫量，在和平島設立專用漁港；第四期工程（1935～1945）為修築外港及防波堤。[9]

1950～1990 年代，是基隆變化最劇烈的時代，起因於貨櫃運輸自 1955 年越戰到 1970 年代快速發展，使得貨櫃船櫛比鱗次停靠基隆港，並於 1980 年代營運量達到高峰，1984 年成為世界第七大貨櫃港。 正因如此，基隆港周邊衍生出許多依港而生的行業、職業，如負責以人力搬運貨物的碼頭工人、協助進出口報關的報關行、販賣世界各地商品的委託行、以外國二手衣物為特色的牛仔街商家、因越戰基地成為美國大兵休息喝酒的酒吧……。在基隆努力打拚的人們，在時代巨輪轉動中，打造屬於他們的「黃金年代」。

1990 年代，基隆港總運輸量逐漸衰退，加上 1999 年基隆港正式實施「棧埠裝卸作業民營化」，原先在基隆港的碼頭工會進行解散，按照年資、投保金額，提撥給碼頭工人退休金；而在碼頭走向民營化的同時，取而代之的裝卸公司，爭相降價競爭船公司與貨主，碼頭工人的收入也受影響，許多碼頭工人選擇退休，有的人因此回到大甲、苑裡等地家鄉。

現今，基隆港逐漸轉型成郵輪母港，主要有「星夢郵輪」旗下的探索夢號（前身為麗星郵輪旗下的處女星號）、公主郵輪旗下的藍寶石公主號、盛世公主號等郵輪停靠在基隆港。2018 年，基隆港的客輪全年旅客人數達到 106 萬人次，其中就有 84 萬人次是搭乘國際郵輪。[10] 2019 至 2022 年，在 Covid-19 的影響下，衝擊著國際郵輪觀光產業，逐步解除禁令之後，據臺灣港務公司的預報，2023 年預計會有近百艘郵輪抵臺，其中基隆港有 79 班航次，使郵輪產業逐漸復甦。[11]

15. 為基隆帶來龐大商機的郵輪

雨傘人 TIPS

若途經基隆碼頭邊，常可看到宛如大型夾娃娃機的橋式起重機、成就臺灣航海王的貨櫃三雄貨櫃牆，也應有著觀光產值很高的大型郵輪。如果你對港邊星羅棋布的繽紛貨櫃景緻有興趣、想看橋式起重機運作，最佳觀賞位置在鄰近西岸碼頭的「基隆燈塔」，將貨櫃及橋式起重機映入眼簾；如果你喜歡拍攝郵輪、或是在浪漫的夜晚欣賞大型輝煌郵輪，推薦位於仙洞巖後山丘上方的聖安宮，或是位於虎仔山的太平青鳥書店（原為已廢棄的太平國小），都是觀賞郵輪的海景第一排。此外，還有許多離港口十分近的廟宇，保佑著基隆人，如有著海神信仰的慶安宮、庇佑地方民眾的官道百年福德宮、主持正義的基隆護國城隍廟等。下次來到基隆，別再只知道廟口夜市小吃，從基隆港開始出發，玩遍整個基隆吧！

⑨ 陳凱雯（2014）。《日治時期基隆築港之政策、推行與開展（1895-1945）》（碩士論文）。國立中正大學，頁 91。
⑩ 交通部航港局（2019 年 1 月 10 日）。〈基隆港客運突破百萬人次 再刷新歷史紀錄〉。交通部航港局。https://web02.mtnet.gov.tw/0/News/Detail/1844?Type=O。
⑪ 盧逸峰（2022 年 10 月 24 日）。〈明年將有近百艘郵輪抵台 這艘船將搶頭香〉。聯合報。https://udn.com/news/story/7266/6711096。

05

曾經滄海華麗轉身－正濱漁港

16. 正濱漁港

　　正濱漁港，舊名基隆漁港，在日本時代為北臺灣最繁榮的漁獲商港，也曾是當時運載金瓜石銅礦的主要港口；在戰後更是臺灣北部重要的遠洋漁業基地，直至八斗子漁港興建完工後被取而代之。現今，在基隆市政府、在地居民及各領域專家的努力下，大基隆歷史場景再現「正濱漁港」周圍廊帶。尤其，「正濱漁港彩色屋」在 2019 年的國際景觀建築師協會景觀大賞，榮獲社區營造類卓越獎，也是熱門打卡景點。

　　日本時代的基隆港第二期築港工程計畫（1906 ～ 1912）中，並沒有將商港、漁港進行區分，故利用二沙灣、三沙灣的灣澳地形，整建為陸軍碼頭及漁船碼頭。[12] 1911 年完工的三沙灣漁港有現代化的碼頭設備，為日本時代的全臺第一座現代化漁港。但由於三沙灣漁港的發展過於迅速，加上腹地較小，港口過於擁擠的問題日益嚴重；此外，因船隻較多且雜亂停泊，若發生火災，將會造成嚴重的安全問題。

種種因素考量下，將三沙灣漁港移到八尺門是最為理想的辦法。[13] 八尺門為和平島與臺灣本島之間的狹隘水道，大約為現今和平島、正濱里之間的水道，其上方有一座和平橋。1934 年，日本政府在「海門澄清」的八尺門水道旁建立基隆漁港；同時也建設水產館（現今正濱漁會大樓）、珊瑚市場、給水所、魚市糶場、漁業無線局、基隆市營漁民住宅等。戰後，基隆漁港改稱正濱漁港，取自於兩個時期的行政區：國民政府的中「正」區及日本時代的「濱」町。隨著漁業發展，漁船的噸位越來越大、數量也越來越多，正濱漁港礙於水位的深淺及腹地有限，使其吞吐量只能逐漸轉往現今北臺灣最大的八斗子漁港。

如今，華麗轉身的正濱漁港，拉開地方創生的序幕，周邊除了五星好評美食林立外，許多文藝活動紛至沓來，吸引觀光人潮。而在這邊舉辦的文藝活動也會與當地特色進行結合，如「基隆潮藝術」在藝術品上凸顯地方特色，引導民眾進入地方居民的生活空間，更加活化地方觀光。此外，正濱漁港也帶動附近觀光廊帶一同閃亮，如正濱漁會大樓、阿根納造船廠等特色建築場景，紛紛吸引旅客目光。

雨傘人 TIPS

港邊的建築物漆成彩色牆面，在清澈的水面上映出七彩繽紛的倒影，成為許多人口中的臺版威尼斯彩色島，鄰近的阿根納造船廠、原住民文化會館，一座橋之隔的和平島公園，成為許多人觀光一條龍路線。若是想在假日時前往正濱漁港，因人潮眾多，容易出現塞車或不易停車的情況，不妨在基隆市區搭乘 101 公車到和平橋頭（原住民文化會館）、103 及 104 號（經中正路）在中正路正濱路口下車，或是騎乘摩托車。正濱漁港美食最著名的莫過於「涂大手工碳烤吉古拉」，他們的吉古拉是把鯊魚漿塗在鐵棍上，用木炭火烤。金黃色的吉古拉，表皮酥脆，咬下去時十分有嚼勁，且有著濃濃的魚香味，可謂是正濱漁港的必吃美食。

18. 涂大手工碳烤吉古拉

17. 2020 基隆潮藝術，將阿根納造船廠進行光雕點燈

臨時臺灣總督府工事部（1916）。《臺灣築港志》。臨時臺灣總督府工事部，頁 877-879。
臺北州廳（1927）。《臺北州漁村調查報告書》。臺北州廳。

人定勝天下的犧牲者－基隆築港殉職者紀念碑

06

19. 基隆築港殉職者紀念碑

　　遙想 20 世紀初，基隆港現代化築港過程絕非一帆風順，負責基隆港第一、二期工程的基隆築港局技師川上浩二郎，曾於故鄉演講提及工程艱難，「基隆港的興建地點不只是海水深不可測，潮流湍急，即使是大家公認的一流技術家也無法處理的艱鉅工程。」[14]

　　即便人定勝天，還是有許多築港人員因公殉職，據《臺灣日日新報》的報導，提到在基隆第二期的築港工程裡有百餘位因公殉職，在 4 月 27 日早上舉行開幕式，並於開幕式後舉行追悼會。[15]據說在進行第二期築港工程的時候，當工程進行到土窟仔（現今西岸 16 號碼頭附近）時，因其地質狀況十分特殊，有著大寮層、石底層及沖積層礫石砂及黏土的地質層。在這塊區域，因不同的地質層使築港工程多了分危險性，最終發生大崩塌，造成工作人員重大傷亡的殉職事件。而在現今西岸 16 號碼頭附近的牛稠港、仙洞一帶皆曾發生過崩塌事件，導致人員傷亡。[16]因當時興建西 16 號碼頭殉難的人數最多，故選擇在西 16 號碼頭附近的火號山（又稱球子山），朝向基隆港，建基隆築港殉職者紀念碑。

掩沒在山坡上的紀念碑，如果沒有特別用心尋找，一時半晌還無法發現它。在中山三路 103 巷上，有一座小型的兒童遊樂公園，沿著下山方向走，會發現一座紅色欄杆的木棧階梯，循著已布滿青苔的木棧階梯往上走，兩旁濃密樹叢彷彿走進時光迴廊，殉職者紀念碑便映入眼簾。紀念碑分為基磐、基座、碑座、碑身與碑首五部分，整體建築轟立於此，極其肅穆。

築港紀念碑的山腳下，便是基隆港西 16 號碼頭，有一間「貴美雜貨店」，一罐伯朗咖啡、一塊麵包，成了碼頭工人的能量來源。築港紀念碑俯瞰著基隆港，彷彿看盡時代變遷，如今橋式起重機忙上忙下，郵輪進進出出，碼頭內的司機、工人日以繼夜工作，而築港殉職者紀念碑也同時庇佑著在港灣工作的所有人們，平平安安。

20. 由三代女人所撐起的貴美雜貨店

雨傘人 TIPS

推薦搭公車來基隆市區旅行，享受緩緩而行的愜意感，搭乘 304 公車到「高遠新村站」，旁邊就是築港殉職者紀念碑。高遠新村，即是日本時代「築港出張所官舍」，提供基隆築港工程職員居住。戰後，原先的築港員工宿舍改建為「高遠新村」，作為基隆港務局的員工宿舍。如果說體力充沛、喜歡運動的朋友們，也可以一路再往上到「球子山燈塔」，一覽基隆港、基隆嶼、和平島等。球子山燈塔是我國第一座自行設計施工的燈塔，曾為軍方駐地，現今兩者皆已不再使用。因此，要登上球子山燈塔前，會先經過廢棄的軍營，而進入後圍起來的軍方建築仍為管制區，可別不小心誤闖！

21. 從球子山燈塔俯瞰基隆港

⑧ 谷川勝三（2018 年 6 月 5 日）。〈改變臺灣的日本人系列：在臺灣建設國際貿易港的日本人—川上浩二郎與松本虎太〉。nippon.com 走進日本。https://www.nippon.com/hk/column/g00546/?pnum=2。
⑨〈基隆夕日ケ丘に 築港殉職者の碑 あす盛大な除幕式〉。《臺灣日日新報》（1930 年 4 月 26 日）。第 7 版；〈列職記念碑 除幕式と法要 きのふ基隆築港で〉。《臺灣日日新報》（1930 年 4 月 29 日）。第 2 版。
⑩〈基隆特訊／山崩死傷〉。《臺灣日日新報》（1923 年 7 月 29 日）。第 6 版；〈岩石崩落 壓死二名〉。《臺灣日日新報》（1926 年 6 月 29 日）。第 4 版。

浪潮基隆

CHAPTER 2

63

大江東去浪淘盡－西二西三碼頭倉庫

　　日本時代完成基隆主要築港建設後，不論是到日本留學，或是遠赴各國經商，臺灣人都會由基隆港進出，而西岸的碼頭倉庫更見證了臺灣的現代史：歷經 1935 年日本皇太子裕仁（之後的昭和天皇）從 1 號碼頭登臺、1945 年二戰結束時日軍從西岸碼頭遣返、1949 年國民政府抵臺等統治者輪替的重要事件。自完工後到現在，基隆港隨著時代變遷所發生的點點滴滴，都有西岸碼頭的存在，像是進出口貨物在基隆港裝卸、抽中「金馬獎」的阿兵哥登上臺馬輪、旅客搭乘郵輪出遊……

22. 從虎仔山望向西二西三碼頭，可見臺馬輪及郵輪停泊

　　第一代的西岸碼頭倉庫是在 1910 年代初期所興建，當時只有一層樓；1930 年代，因應基隆港擴張，進入第三階段築港工程，因而改建西岸碼頭 1 到 4 號倉庫，打造更大、更完善的倉儲空間。之後，陸陸續續興建共 8 座碼頭倉庫。然而，至 1990 年代時，僅剩西二西三碼頭倉庫。1933 年，西二碼頭設計廊道連通西二碼頭及基隆火車站，讓旅客可以方便、快速地離開港區。現今的碼頭倉庫已沒有當初連通火車站的廊道，但仍維持當年的空間設計，1 樓為貨運空間、2 樓為旅客中心及候船室。

23. 西二西三碼頭

　　除了各個朝代統治者輪替，在此登臺之外，西岸碼頭也見證了臺灣的經濟發展，如：自強號、莒光號、普悠瑪、太魯閣號、臺北捷運木柵線車廂、桃園機場捷運車廂等都是從這裡登臺後，到各自的崗位上完成一項項的運載任務。伴隨著基隆港逐漸轉型，西二西三碼頭除了服務臺馬輪的旅客外，郵輪產業也將其帶到國際舞臺，成為許多國際旅客登臺的第一站。西二西三碼頭在 2022 年 3 月底完成主體的修復工程，未來西二倉庫的 1 樓將作為生活與文化創意區，2 樓為郵輪旅客服務區，以碼頭的日式風格加上過去的歷史背景，創造水岸文化創意觀光區。此外，也結合西三倉庫的 1、2 樓作為郵輪旅客通關檢查與行李服務作業區。不論抵臺或離臺、過去或現在，西二西三碼頭從見證歷史，到登錄為歷史建物，往後也將為基隆繼續創造歷史。

雨傘人 TIPS

　　如果你看過 2014 年由馬志翔導演執導的《KANO》，可能會對西岸碼頭有點眼熟！當時就是在此拍攝取景。來西二西三碼頭感受歷史氛圍，可以從基隆車站的北站出站，出站後的左前方就是西二西三碼頭。提醒第一次搭乘火車來到基隆車站的朋友，只要記得「南站廟口、北站港口」，就不會在基隆車站迷航了。沿著西二西三碼頭，漫步港邊，可以發現地上出現許多大大的文字，上面寫著其他國家的港口名稱及距離多遠，像是距離日本神戶港 1,734 公里、美國洛杉磯港 10,918 公里，旁邊有箭頭讓你知道那個港口位於什麼方向，與國際接軌的感覺油然而生。只不過在漫步的時候，千萬不要太著迷於美麗的港畔，只顧著拍照，而沒有注意到腳踩的下一步，一定要格外小心，別跌進海中。

24. 西岸港邊步道

浪潮基隆

永續海洋發展的領航家—國立海洋科技博物館

08

　　1980 年代，在行政院「十二項建設」的背景下，籌設兩座以海洋為主題的博物館，一座是坐落在屏東車城的「國立海洋生物博物館」，另一座則是位於八斗子、前身為北部火力發電廠的「國立海洋科技博物館」，一南一北，遙遙相望，成為了臺灣海洋之子們的戶外教科書。

　　海科館的前身—北部火力發電廠為臺灣電力株式會社（台灣電力公司前身）於 1937 年（昭和 12 年）開始建造，1939 年（昭和 14 年）落成，是推動臺灣工業化的重要基礎電力設施，並且為首座填海造陸而興建之電廠，其廠址正位於八斗子海峽。1953 年美援時期，在多方協助之下，電廠進一步擴建，由美國提供電廠設計技術，最終由國人擔任廠房施工。經歷超過 40 年的營運後，在 1983 年正式除役，搖身一變，由建築師林洲民設計，將海洋元素融入到電廠舊有空間裡，成為現今海科館主題館區。

25. 海科館外觀

　　目前海科館展區為充滿海洋知識的主題館、放映著適合大小朋友一同觀看海洋教育影片的海洋劇場、濃厚人文氣息的區域探索館、虛實整合實境水族館及海洋生物復育基地的潮境智能海洋館，以及擁有豐富生態的戶外園區，涵蓋潮境公園、復育公園、101 高地、望幽谷。透過人文、地景、觀光、科技等不同面向，海科館讓來參觀的民眾能以多元的方式來知海、愛海、親海。

原本隸屬為臺鐵深澳線的「海科館車站」，同樣擁有推動臺灣經濟動脈的故事。1936 年，深澳線原本是日本礦業株式會社所營運的礦業鐵路，行經基隆八尺門、八斗子、深澳至水湳洞；戰後，由臺灣金屬礦業股份有限公司承接，但因財務狀況不佳，在 1962 年全線廢止。而臺鐵後來新建由八斗子往瑞芳接軌的路線，也因濱海公路建設及公路交通競爭下，最後於 1989 年停止客、貨運，僅保留部分區間路段，供運煤列車使用；但因使用老舊燃煤機組的深澳火力發電廠於 2007 年除役，深澳線也於同年停駛。直到海科館啟用，臺鐵將原先已停用的深澳線重新恢復營運，於 2016 年正式恢復客運，而海科館站也是少數以博物館名稱命名的車站。

26. 北臺灣最美的車站－八斗子車站

雨傘人 TIPS

　　搭乘火車深澳線來到海科館的話，下了火車之後，可以先沿著一旁的綠色隧道前往「容軒步道」，全長大約 400 公尺，大約 5 ～ 10 分鐘內可以順利攻頂，上方的觀景平臺提供 360 度的山海美景，可以讓你感受到身心靈的放鬆。此外，來到海科館時，也不妨走進周邊的「長潭里漁港」，靜靜地欣賞漁港最原始純樸的景緻。沿著長潭里漁港繼續往裡面走，可以沿著巷弄慢慢散步到「潮境公園」，這裡的海蝕平臺也是十分適合親子玩樂的消暑之地。除了玩水外，從潮境公園慢慢往上走，會先經過復育公園的停車場，接著會看到讓小朋友玩得不亦樂乎的鸚鵡螺溜滑梯，最後映入眼簾的則是可以讓你變成臺版哈利波特的超大型飛天掃帚。

27. 容軒步道觀景平臺

28. 潮境公園的巨型飛天掃帚

八斗子漁村文物館

海海人生回歸初心－許焜山

「海浪與浪潮，和我們的生活、遊樂、工作，非常密切……」年屆 70 的八斗子漁村文物館負責人－許焜山，從小在八斗子漁村長大，海邊就如同他的遊樂場。

喝海水長大的天生漁人───

「這裡是我人生最快樂的地方。」

小時候在家裡幫忙織漁網、長大當「釣腳」做 part-time，許焜山的生活與海密不可分。初中、高中時，他會在暑假去「當繒」[17]，天還沒亮時就跟著到外海「守網待魚」，用「桶鏡」專心觀察魚群動向。在天色快要慢慢亮的時候，待魚群進入網袋中，便快速起網，一網打盡，漫長的 5 個小時等候，成了許焜山在暑假賺學費的管道。

「潛水捕撈」是他的另一項拿手絕活。1960年代，以前的海邊尚未遭到破壞、污染，有非常多「觀賞熱帶魚」，如小丑魚、藍紋魚、關刀魚等。他在 13 歲那年暑假，和朋友搭著公車來到和平島，兩個人協力進行潛水捕撈，捕到一尾不到手掌大小的藍紋魚，最後賣了 80 塊，扣除掉成本後各分 37 元，成為他「第一桶金」的珍貴回憶。

追憶似「海」年華───

考上東吳大學英文系的許焜山，在大三時離開八斗子，搬到臺北；大學畢業之後，便從事貿易、經商。同時，他仍心繫大海，便開始蒐藏漁船模型；起初，只是單純興趣，但隨著蒐集的模型、漁具越來越多，他更堅定信念－漁村文物就應該要被保存在漁村。2006 年，他成立八斗子文物工作室；2012 年進駐八斗子村落，許焜山偕同珍貴的文物，回到最初的地方。

「記錄漁村歷史，保存漁村文物，關心漁村發展，光這三項我就做不完了。」一直在「跟時間賽跑」的許焜山，2012 年發行《東北風》雜誌，為了讓更多年輕人認識八斗子歷史人文，還建立粉絲專頁，他親力親為，「以前不會的事，現在想做，就要慢慢學習。操作臉書、貼文章、貼照片……還是一堆學不完的東西。」為了捕捉兒時記憶，不要讓八斗子文化像消失的熱帶魚，他全心全意地投入在人生中最快樂的地方。

---

[17] 早期的八斗子漁民有一種類似「臨時定置網」的沿岸漁撈方法，當地人稱為「當繒」。許焜山（2015）。《基隆八斗子漁村的漁業發展與變遷》（碩士論文）。國立臺灣海洋大學。

震昌8號漁船

扛浪船長養成記—杜劍秋

「魚就是我的衣食父母，海就是我的衣食父母……」杜劍秋船長從小喜歡釣魚，從 4 歲開始跟著相差 15 歲的二哥出海海釣，天生流著討海人的血液，靠海吃海，成為養家活口的日常。

魚與釣手的不解之緣 ———

杜劍秋在基隆正濱國中畢業後，便離鄉到臺北半工半讀，後來因為回來八斗子照顧父母親，也便買了一部貨車，開始在八斗子幫人家載魚貨，輾轉任職於甫進臺灣的量販店—萬客隆，負責批發新鮮魚貨。每天的任務就是拿著魚貨清單到崁仔頂魚市採購，趕在早上 8 點開門前，再將魚貨送到桃園、臺北和新北的分店。

杜劍秋船長因此認識各式各樣的魚種，也深知不同魚種在不同捕撈方法下的價格。身為老釣手的杜劍秋，只要早上送完貨，一有時間便和朋友出海釣魚，以釣黃雞魚和花枝為主，慢慢累積經驗，也種下未來當船長的機緣。

海上公務員功成身退 ———

「我已經不喜歡在晚上工作了……，才會說是海上公務員，爸爸回家吃晚餐……」

由於不喜歡漁獲批發日夜顛倒的生活，加上量販店越來越競爭的關係，杜劍秋在 2002 年買下一艘船，開啟「一支釣」事業。「我釣黃雞魚、花枝都是用魚竿釣的，我的釣法就是最友善的魚法。」一艘小漁船、一支魚竿，用最友善海洋的「一支釣」，杜劍秋船長固定早上 7 點出海，下午 4 點回程，將魚貨送到崁仔頂魚市代售，自己一條龍處理，作息如同公務員，他打趣地說「如果基隆嶼沒有我在顧的話，搞不好就被外人給佔去了。」

「現在年輕人沒有從小孩子的時候就開始抓，你沒有經驗的話，沒有辦法去經營一艘船，我當初也是先開始玩，有一點把握後才敢去買船。」老船長的捕魚技藝所幸還有兒子願意繼承，而杜劍秋船長的人生下半場，從海上公務員轉身為名副其實的八斗里里長，換一個方式繼續照顧著八斗子。

小旅行路線：追尋與海洋拚搏的熱血冒險

身為與港口密不可分的城市，有著許多與海共生的故事。自大航海時代，基隆就從和平島開始寫下它與海的篇章，歷經清代、日本時代、戰後經濟起飛，全臺各地前往基隆謀生的群像創造出輝煌的黃金年代，遑論與海搏鬥的扛浪老船長們，也將討海人的智慧，世世代代流傳至今。人生海海，海海人生，這就是屬於基隆的浪潮 DNA。

01 漫遊離島

推薦路線：**正濱漁港 → 阿根納造船廠 → 社頭土地公廟 → 天后宮 → 社靈廟 →
　　　　　 諸聖教堂 → 和平島公園**

你可能沒有想過「去臺灣離島」，是一件多麼簡單的事！從基隆市區搭乘公車，緩緩地往正濱漁港前進，接著漫步經過全臺第一座跨海大橋─和平橋，就抵達了離臺灣最近的島嶼「和平島」。

以正濱漁港為起點，漫步在漁港旁，欣賞彩繪屋，遙想日本時代北臺灣第一大港的風華。接著，在穿越和平橋前，會先抵達「阿根納造船廠」。造船廠在日本時代為金瓜石礦物運送的裝運碼頭，直至戰後；1966 年至 1987 年，由美國公司「阿根納造船廠」承租，用以製造遊艇；如今已荒廢的造船廠，因其廢墟的特色，成為許多人前去拍照留念的景點。

沿著和平橋旁邊的階梯走到「社頭土地公廟」，可以瞧見和平島與正濱之間的狹窄水道，也就是被稱為「海門澄清」的八尺門水道。提到常民信仰，社頭土地公廟有著從 1852 年（清咸豐 2 年）保存至今的黑陶香爐，其爐耳造型仿效人耳，十分特別。此外，和平島的媽祖信仰及王爺信仰相當重要，位在和一路 84 巷的「天后宮」，曾在 1750 年（清乾隆 15 年）時，被賜封「大雞籠港口天后宮」；位在和一路上的「社靈廟」，每年農曆六月會舉行「王船祭」：海上遊江、繞境、宴王等重要的祭典活動，來慶祝王爺聖誕，據傳在 1788 年（清乾隆 53 年）便有創建廟宇奉祀三府王爺的記載。除了歷史悠久的民間信仰外，這座小島上還保存著西班牙時期的考古遺址，述說著「小島大歷史」，最後，終點站抵達和平島公園，一定要去看看奇特的海蝕地形、天然海水池，留下與海共融的美麗記憶吧！

地圖索引

1 正濱漁港

2 諸聖教堂

3 和平島公園

02 仙洞聽濤

推薦路線：慈恩祠 → 仙洞巖 → 聖安宮 → 高遠新村 →
基隆築港殉職者紀念碑 → 貴美雜貨店

　　從基隆港西二西三碼頭出發，彷彿昔日各國的統治者從這裡登臺，或是現代各國旅客搭乘郵輪入境臺灣一般，邁出我們踏入昔日的港埠故事。搭乘 304 號市公車沿著中山二路開往仙洞地區，最終在「基港里站」下車，即將開始漫步仙洞神秘角落。

　　第一站慈恩祠，上方立著石碑，刻著「中法戰役陣亡戰士紀念碑」，這邊曾為 1884 年（清光緒10 年）清法戰爭古戰場，現供奉戰役犧牲的清軍骨骸，以及劉銘傳和法國孤拔將軍的神像。沿著大白街慢慢走到百年「仙洞國小」，為日本築港時期，供技術人員子女就讀所建。

　　位在仙洞國小旁的佛手洞、仙洞巖，奇特的海蝕景觀蒙上神秘面紗。順著仙洞巖一旁的階梯，一路往上便能抵達「聖安宮」，為大甲鎮瀾宮第一座的媽祖分靈地，也是許多在基隆碼頭工作、落居於此的大甲人的精神依託。接著從一旁的巷弄前往「築港出張所仙洞町官舍」，如今為「高遠新村」，見證時代變遷。繼續往山下走，來到「基隆築港殉職者紀念碑」和最後一站「貴美雜貨店」。貴美雜貨店與碼頭工人有著緊密的關係，在 16 號碼頭這邊見證了超過 60 年的歷史，也賦予工人日常濃厚的歷史意義。

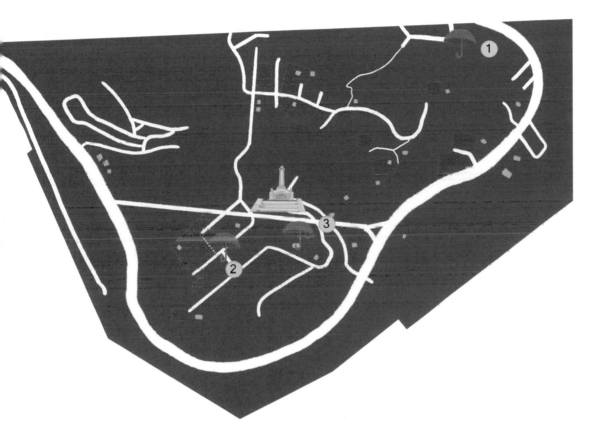

地圖索引

1 仙洞巖

2 高遠新村

3 基隆築港殉職者紀念碑

03 八斗扛浪

推薦路線：八斗子車站→ 望海巷漁港 → 國立海洋科技博物館 →
**　　　　福清宮 → 八斗子漁村文物館**

從瑞芳搭乘火車來到全臺離海邊最近的八斗子車站，此條深澳線是從荒廢到重生的鐵道，曾因深澳火力發電廠拆除而全面停止運煤業務，後來，為提供海科館聯外交通於 2016 年重新啟用八斗子車站。現今的八斗子車站以海與浪為意象進行建造，被譽為「北臺灣多良車站」。

出八斗子車站沿著北寧路往海科館的方向走，來到「望海巷漁港」。望海巷，舊名為「換番」，是早期八斗子地區的漢人和建基、瑞濱、蕃仔澳一帶平埔族以物易物的地方。望海巷漁港興建於 1962 年，是基隆市轄內最東邊的漁港，漁港入口處「長青聚會所」，現今仍使用舊地名「換番長青聚會所」。接著，前往「望海巷跨海景觀橋」，特別介紹一端入口轉角處的土地公廟「福安宮」，其在 1977 年，因道路擴建而移址重建，廟門柱上還留有「換番築路千歲改，翻修賠償萬捌元」對聯以此為見證。

來到八斗子，不能忘記參觀曾為北部火力發電廠的「國立海洋科技博物館」，其結合海洋教育與科技應用，不僅呈現海洋多采多姿的面向，搭配潮境園區的潮間帶，還能讓你直接接觸海洋，在區域探索館前也能看得到遠洋貨櫃輪的螺槳，以達海洋教育的「親海、愛海、知海」。

前往八斗子漁港的途中，值得一提北寧路和八斗街交叉口的「福清宮」。這裡的土地公曾受聖旨所賜，可是戴著宰相帽，也為當地居民的信仰中心。順著八斗街，來到臺灣北部最大的八斗子漁港漫步八斗子漁村，感受漁火點點、咾咕石厝，和在地美食，別忘了到「八斗子漁村文物館」，認識討海人的智慧與故事！

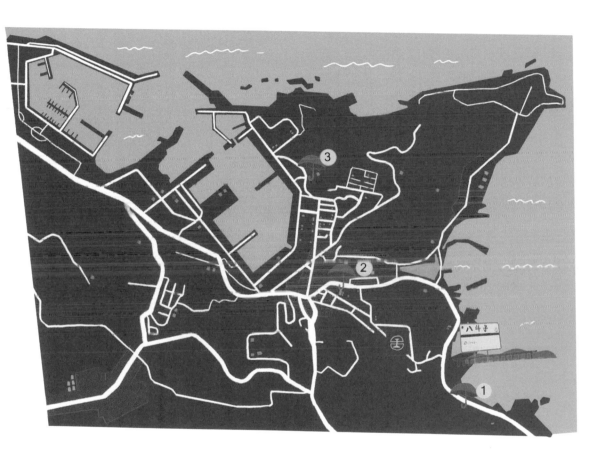

地圖索引

1 八斗子車站

2 國立海洋科技博物館

3 八斗子漁村文物館

—浪潮基隆—

浪潮基隆雨傘人　林家和

一個從國小到高中都在臺北念書的小夥子，對於「家鄉」二字並沒有太多的概念，也沒有對求學時的地區或是居住的區域產生情感。直到大學回到離家近的基隆念書時，在接受了其他縣市朋友們的「靈魂拷問」後，才開始去尋找我所丟失的「認同感」。

因緣際會下，在大學時加入「雨都漫步」，開始用雙腳認識基隆這塊土地。不論是在基隆上山或下海，每當多接觸一分，便愈加發現這塊土地又多了一分美，對於它的印象也不再是潮濕、陰鬱，而是一座充滿故事的美麗城市。

走踏美食

藍媽媽和平島青苔水餃
中正區平一路 50 號

藻遍海餃
中正區八斗街 65-2 號 1 樓

溱湘小吃店
中正區調和街 1 巷 2 號

俞家清魚湯
中山區仁安街 131 號

涂大手工碳烤吉古拉
中正區正濱路 27 號

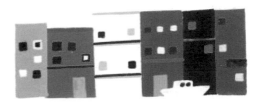

魔幻基隆 ——

常民信仰目眩神迷，
感應基隆神鬼人共譜的魔幻時刻。

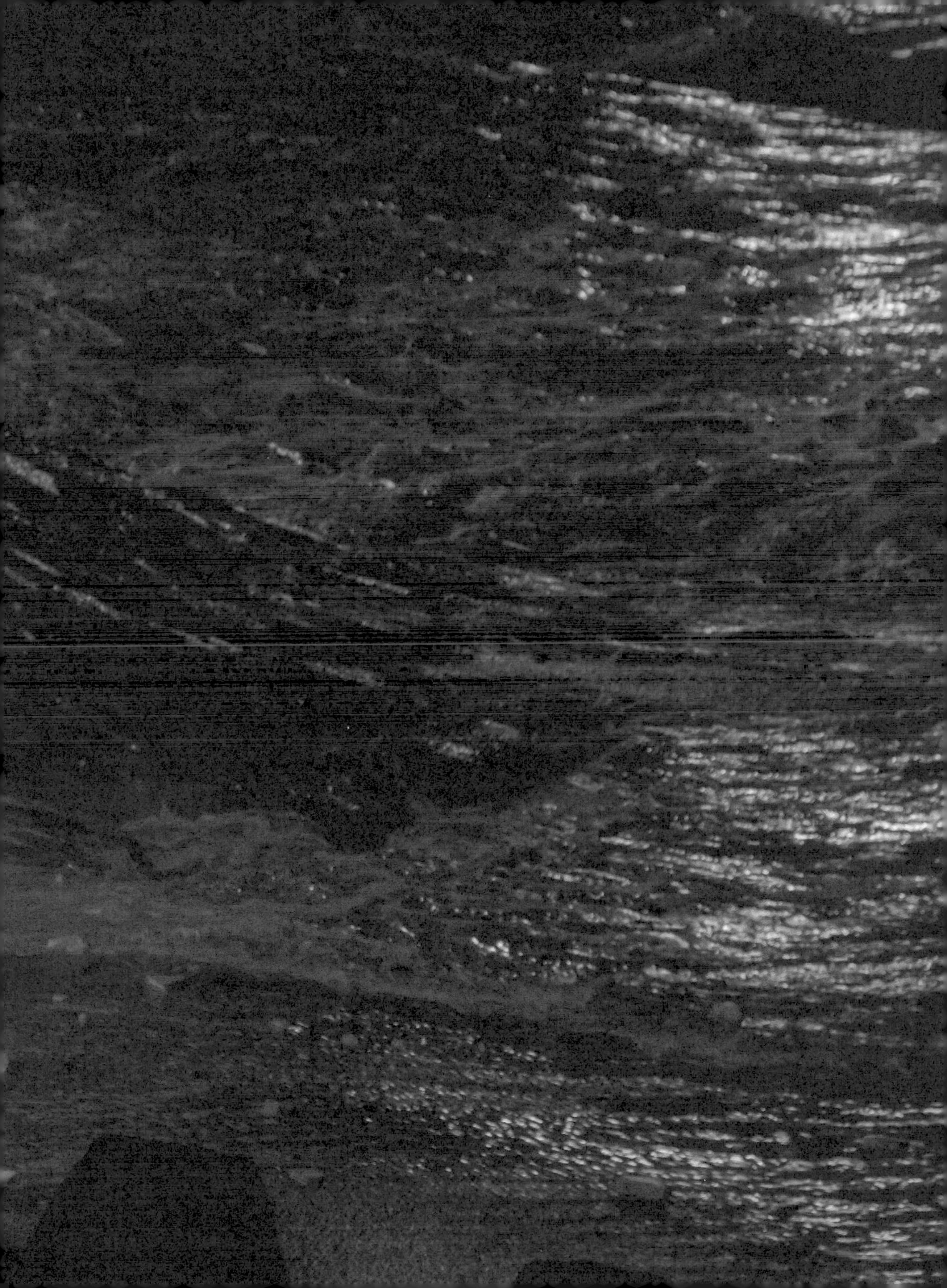

1.2018 年，孝二路街區普度，供品澎湃豐盛，配置專業

悲天憫人至誠心

　　基隆為什麼魔幻？從歷史角度觀看這座城市的過往，因交通位置、自然資源、產業發展吸引許多來此爭取生存機會的人，彼此拚搏，更經歷過幾場國際戰爭，使得這座城市充滿逝去的生命，流傳許多傳說故事造就基隆的魔幻風格。同時，也養成基隆人對孤魂野鬼的尊重、體貼，北臺灣最大的中元慶典「雞籠中元祭」，及城市裡 50 幾座以上「大眾」、「有應」、「萬善」們，都是例證！

　　魔幻基隆在哪裡？農曆 7 月「雞籠中元祭」，為了讓孤魂野鬼能夠於短暫的中元月溫飽，整個基隆街區巷弄滿是「普度」儀式，可謂是基隆人積累百年的專門學問，從公司行號、街區、社區鄰里間都是職業級，每個區域普度供桌上均反映人對陰間世界的想像、對歷史的想像。

—魔幻基隆—

更細緻體驗基隆的魔幻，就在巷弄屋瓦之間，基隆人生活場所中坐落多間萬善祠、有應公、大眾廟。因為接近，所以瞭解；因為瞭解，所以尊重，尊重彼時艱苦的生活、土地開墾的辛勞。上述所在地也總帶有傳奇軼聞，常見解釋為「普度不夠完善」而導致日常周遭的靈異現象，輕微如電話異常響起，[1] 更嚴重則會影響里長選舉（可能更多原因是因為里民不滿意），[2] 無論真偽，都使得基隆更抹上一層神秘魔幻面紗。

① 和平島萬善祠主任委員訪談，訪問日期：2019年4月2日。
② 吉仁里李建德里長訪談，訪問日期：2020年7月13日；基隆西榮里里民訪談，訪問日期：2020年8月23日。

CHAPTER 3

魔幻基隆

2.2020 年，老大公廟普度公燈齊亮，迎好兄弟

中元祭傳說的主角－老大公廟

01

　　農曆鬼月期間不妨夜晚造訪基隆，燈光絢爛、光彩奪目，不似民俗上想像的陰暗可怕，尤其是位於基隆安樂區山坡上的「老大公廟」，掛滿大約 3、4 千盞各方信眾的普度公燈，山坡道路燈火通明，除了照亮好兄弟的歸途，也照看各方信眾平安的願望。

　　此處是「雞籠中元祭」開始與結束的所在。廟裡祭祀的老大公們，[3] 是中元祭起源故事的主角，相傳咸豐年間開墾基隆港的漳州人與拓墾基隆河暖暖、八堵區域的泉州人，因為爭奪生存資源發生械鬥，造成人員傷亡，自此發展出以「姓氏」組織輪流辦理中元祭典的方式，象徵來自不同原鄉之移民間的共存。[4]

　　多處的書寫與口傳都強調有 108 位先人死亡，[5] 賦予如同小說《封神榜》、《水滸傳》的神話傳說感，也呼應「老大公廟」神秘力量的傳

說。你想得到的致富、報復等故事，都在坊間傳誦，不斷累積顯靈傳聞後，使老大公成為地方守護神的形象更鮮明。

　　依國立臺南大學文化與自然資源學系陳緯華教授 1997 年碩論研究指出，約於 40 年前（198年左右），「開燈夜」原為老大公廟委員會主辦，曾有煙火活動，因活動效果不錯，該時市府主動表示參與，開燈儀式自此轉由市長主持；199年黃姓宗親會輪值主普，主動參與開燈夜儀式，開啟老大公廟與姓氏宗親會的交流，[6] 成為雞籠中元祭市政行銷宣傳的項目之一。另外，198年江姓主普時建議將「鬼」門變更為「龕」門，具有將老大公神格化的意義。[7] 習俗、儀式都是不斷堆疊累加的過程，現在的傳統許是出於過去創意，未來可能會出現新傳統，無論如何，都是出自於希望雞籠中元祭更加圓滿、豐富的心意。

農曆 7 月，由各方士農工商出錢酬謝老大公們，每一晚老大公廟都會舉辦人、鬼（神）共享的娛樂活動，邀請歌仔戲演出或電影放映，整個月的節目表會被寫在廟裡的佈告欄，吸引附近社區居民夜晚在廟埕乘涼欣賞，聊天聚會，趣味十足。

若是白天，順著老大公廟的斜坡往下走，不用 5 分鐘路程便可抵達安樂市場，推薦 2 處市場周圍好料，第一是「菜頭滷」，用蘿蔔燉的鮮甜湯底，汆燙各式魚漿料理，如：甜不辣、吉古拉、魚丸等，還有豬的各種部位，一次吃足；搭配醬油混甜辣醬，咬進嘴裡甜辣中帶有蘿蔔湯的香味；第二是「德馨糕餅店」，這家的蔴粩是基隆人家常點心，酥脆的米果裹上麥芽，撒上芝麻、花生粉，或米香，咬起來酥脆涮嘴，麥芽糖的甜與米的香氣融合，一開吃就停不下來。

3.2018 年，老大公廟前歌仔戲班表演，農曆 7 月每晚皆上演酬神活動

CHAPTER 3

—魔幻基隆—

③ 「老大公」稱呼源於對亡魂的敬意：期望人「老」而過世、死者為「大」、所以尊敬稱呼「公」。
④ 林茂賢、洪連成（1995）。《悲天憫人：中元民俗采風展專輯》。基隆市立文化中心。
⑤ 李豐楙（1993）。《雞籠中元祭祭典儀式專輯》。基隆市政府。
⑥ 陳緯華（1997）。《雞籠中元祭：儀式、文化與記憶》（碩士論文）。國立政治大學。
⑦ 李豐楙（1993）。《雞籠中元祭祭典儀式專輯》。基隆市政府。

那裡躺著一些外國人－清法戰爭紀念園區

02

中正區中正路上的法國公墓，當代正式名稱為「清法戰爭紀念園區」，1999 年指定登錄為縣（市）古蹟；歷史意義是升學考試的必考題，關鍵字：1884 年、清法戰爭、不平等條約，或許隨便一位高中生都可以背出基本的歷史訊息，除了學科必考的知識外，經歷過日本時代的基隆人會告訴你，這一區曾是風光明媚的海水浴場、基隆最摩登的觀光場所，彼些記憶閃閃發亮，地名也顯示此處過去的地貌－沙灣地區。

4

實際到此處，閃閃發亮的只有貨櫃（還進不去），整片海都看不到！

20 幾年前，公墓周圍是鐵皮圍繞的日本宿舍群，老舊塌陷，公墓內林蔭覆蓋天空，落葉覆蓋地面，再加上近海的潮濕，紀念碑碣上總是陰暗，實在找不到理由在此駐足。好幾次在 103 號八斗子路線公車途經此處時，目睹搭乘的學生們毫無保留地露出厭惡神情，以及吐出許多天花亂墜的恐怖想像，若連同山上的二沙灣砲臺（海門天險），這段中正路一直到三沙灣邊陲，也因為 62 快速道路興建，更顯得冷清陰暗。總有許多朋友的朋友，撞見戰死士兵的靈異故事，清、日、法各種國籍，都不缺席。

5

4. 日本時代，沙灣地區基隆海水浴場廣告 5. 如今，沙灣地區約一半場域已成為隆港貨櫃區 6. 法國公墓普度，船艦紙藝，貼有孤拔將軍及其他法國圖象 7. 法國墓普度，供品有紅酒、法國麵包與美金

大約於 2003 年左右，「法國公墓中元普度」被納入「雞籠中元祭」的重要活動之一，[8] 在地對異文化的想像、對陰間的想像，真實地反映在普度供桌上，基隆人特地準備紅酒、法國麵包、蛋糕、貼有孤拔將軍的船艦，[9] 利用唯一的外國貨幣冥紙「美金」，以及各式的法國國旗跟佛教象徵極樂世界的蓮花（如果是利用道教科儀會是別的符號）。拼貼組合異文化符碼的普度展演，總的來說，出發點都是一種體貼，以臺灣民俗傳統視角去看待在這座城市逝去的生命。

2021 年開始，沙灣地區因為「大基隆歷史場景再現」計畫，將日本時代現代化的建設與政府廳舍重新塑造，轉變整體風貌，相信未來也將變成大家閃閃發亮的回憶。

魔幻基隆

---

⑧ 蔡昇璋（2021 年 8 月 16 日）。〈中元普度與法國軍墓在基隆〉。國家發展委員會檔案管理局檔案瑰寶。https://www.archives.gov.tw/ALohas/ALohasColumn.aspx?c=2397。

⑨ 全名 Anatole-Amédée-Prosper Courbet，於 1884 年清法戰爭時擔任法軍海軍司令官；相關故事可見：Jean L. 著、鄭順德譯（2004）。《孤拔元帥的小水手》。中央研究院臺灣史研究所。

雨傘人 TIPS

三沙灣中船路 112 巷郵局旁的入船里步道，可抵達土地公廟－大和宮，廟務人員會熱情說明土地公受皇帝冊封的傳說故事；再往上走可抵達「十八羅漢洞」，此是一處荒廢的遊樂場，還遺留著許多神明與人物造景，原本鮮豔的塗裝隨著時間與雨水剝落，顯得陰森。十八羅漢洞下方有「串珠步道」可以通達二沙灣砲臺，認識百年前的軍事建築與古墓，原路返回還能造訪三沙灣角落旁「北白川宮能久親王紀念碑」，[10] 紀念 1895 年乙未戰爭時，北白川宮能久親王曾駐紮此處，紀念碑正上方山壁上刻有「仰皇猷」與其相呼應，[11] 字義為「仰此文字，可知皇化」，[12] 充分紀錄該時代的社會氛圍。

8. 三沙灣聖濟宮「十八羅漢洞」造景，塗裝剝落殆盡

9. 基隆市北白川宮能久親王紀念碑

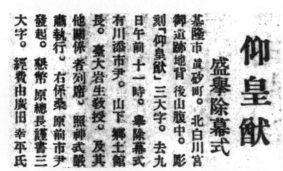

10. 日本時代，仰皇猷除幕式報導

⑩ 1933 年由基隆青年團捐贈興建，青年團組織不論是在產業、教育、娛樂均擔任社會教化、近代化的重要角色，也是具官方色彩的組織。資料來源：〈北白川宮殿下の御遺跡地に建碑〉。《臺灣日日新報》夕刊（1933 年 2 月 12 日）。第 1 版。

⑪ 1936 年由該時基隆市伊桑原政夫主導，除呼應北白川宮能久親王紀念碑之外，另由船隻入基隆港均能視見，有很大宣傳效果。

⑫ 〈基隆市眞砂町 仰皇猷 盛擧除幕式〉。《臺灣日日新報》夕刊（1936 年 11 月 11 日）。第 4 版。

被遺忘的日本兵千人塚－軍人軍屬火葬場之碑

03

　　位於三坑火車站附近的千人塚，是「軍人軍屬火葬場之碑」的俗稱，此碑是紀念 1895 年乙未戰爭，在基隆長眠的日本士兵，與之並存的是「近衛師團戰死者之墓」，同樣具紀念意義。熱愛基隆的在地文史紀錄者會稱此處是「古蹟巷」，然而以觀光視角對比沙灣再造歷史現場、正濱漁港彩繪、中正公園改造，在在呈現多彩、鮮豔、光亮的意象，「千人塚」周圍實在黯淡無光。

1. 千人塚與近衛師團戰死者之墓碑碣，掩沒在巷弄屋瓦之間

　　找尋此 2 個歷史碑碣需要費點觀察力跟體力 。跟法國公墓一樣，在 1920 ～ 1940 的日本時代，此處是觀光名勝，臺灣旅遊介紹第一品牌《臺灣鐵道旅遊案內》中，千人塚是基隆旅遊路線推薦的第 2 個景點。此處變成觀光名勝地的過程，在彼時的報紙、期刊以非常戲劇性方式描繪：來基隆佈道的天台宗中澤慈愍法師，「偶然」發現千人塚被遺忘在荒煙蔓草中，主動爭取整理，並移植吉野山櫻數千株。1912 年的報紙描述：「異日細雨春風，紅花碑上，不失為基隆名勝」，數千株的櫻花隨著風雨打落在紀念碑碣上，這文字畫面多麼詩意，紅花的點綴像是這群戰死異鄉的士兵們已獲得安慰，該時這名記者彷彿看見未來的十幾年，此處變成遊覽觀光地的樣貌。

13. 須攀爬街坊鄰居車庫，方可見千人塚

12.1930 年代臺灣生蕃屋本店發行「基隆千人塚」明信片

14. 日本時代，千人塚種植櫻花報導

雨傘人 TIPS

　　詩意的文字已不復記憶，如今株株櫻花變成重重建物，轉變成另類的探險經驗。當地里長曾跟我們說，此地因為很「陰暗」都沒有什麼人，「陰暗」有很多種意思：物理上的陰暗，潮濕跟廢棄建築物密集，鐵路穿梭使道路狹小，還有特殊職業使人口龍蛇混雜；再來是靈異上的陰暗，很多人在此處因為戰爭、採礦……而消逝生命。這些陰暗是城市發展，疊加累積的過程，也透過這些陰暗，才能真切觀察基隆人為了生存拚鬥的景緻，代表消逝的人在這座城市努力的痕跡。想要自己來探險的話不用太緊張，周圍附近都是住宅區，白天時段都會有長輩拿著塑膠椅在騎樓下乘涼聊天。附近多是斜坡、階梯跟需要攀爬車庫屋頂，加上在地騎機車都是傳奇式的速度，最需要注意的是物理上的安全。

百年祭典十五組姓氏輪值－主普壇

魔幻基隆

15.2020 年雞籠中元祭主普壇，輪值主普為聯姓會白、童姓

　　雞籠中元祭最、最、最重要的項目－農曆 7 月 15 日位於主普壇的普度，在現場，道士會完整展演一場精緻的普度儀式，從請神到送走好兄弟。從文獻上可瞭解過去的雞籠中元祭組織動員，以慶安宮為中心，周圍區域分成四大柱：主普、主醮、主壇、主會，如同將整個基隆市分組變成一個祭祀場域，共同完成雞籠中元祭，除了主普，其他三大柱是以推選方式選出負責人，[13] 現在僅存以姓氏組織輪值的主普，包辦中元祭的各項細節。

16.2020 年，李姓宗親會主普的普度現場

17.1930 年代雞籠中元祭四大柱範圍

13 吳蕙芳（2009）。〈地緣衝突的血緣化解？基隆中元祭與姓氏輪值主普制〉。《國立政治大學歷史學報》，31 期，頁 51-95。

　　普度須有祭壇，1929 年以前，主普壇只有在中元期間搭建，依照 1926 年 8 月 2 日的《臺灣日日新報》記載：「……主普壇擬建於高砂公園構內。預算數千圓。昨年謝姓。開三千餘圓……」，數千圓是多大的數字？以當年日日新報所載基隆豬隻的價格，每百斤的上等豬為 31 圓 70 錢、中等豬為 30 圓 70 錢、下等豬為 29 圓 70 錢，[15] 以三千圓計算，可以買進約 94.63 餘斤的上等豬，主普壇的搭建所費不貲。

　　每年輪值的姓氏宗親會，花費龐大經費在搭建主普壇，為求往後便利與避免浪費鋪張，1928 年基隆重要的頭人士紳，[16] 向地方政府請願，蓋一座固定式的主普壇，平日可作為音樂廳使用，[17] 一個民俗兼具藝文活動的複合性設施，原址位於國道 1 號口的基隆廣播電台；而在 1970 年代，因位處交通要道，中元祭期間交通壅塞民怨四起，最終搬移至中正公園的山腰上。

18. 1928 年基隆重要頭人士紳：許梓桑、顏國年、潘榮春（由左至右）

19. 佇立在市區中正公園山腰上的主普壇

　　外地朋友一踏上基隆，都會發生這些對話：「那棟在山上很像廟的是什麼？」「主普壇，中元祭普度的地方。」「？？？？？？」，充滿問號的表情說明著其他城市鮮少有一處是為了普度而存在的設施。從火車站走出來，以及在港灣抬頭，都會視見，主普壇強而有力的存在感。曾聽幾位地方耆老說基隆普度關乎於這座城市是不是風調雨順，基隆這麼在意普度，或許是一種傳承，我們的父母輩都會帶著我們一起做；也或許是一種習慣，從小到大熟悉的事物；更是一種價值觀，基隆人就是不離「普」。

⑭ 〈基隆慶安宮 中元豫聞〉。《臺灣日日新報》夕刊（1926 年 8 月 2 日）。第 4 版。
⑮ 〈基隆生豚 市價跌落〉。《漢文臺灣日日新報》夕刊（1926 年 11 月 20 日）。第 4 版。
⑯ 許梓桑、顏國年、潘榮春等人。〈基隆高砂公園 將建音樂堂 兼用主普壇〉。《漢文臺灣日日新報》日刊（1928 年 1 月 14 日）。第 4 版。
⑰ 吳蕙芳（2013）。《基隆中元祭：史實、記憶與傳說》。台灣學生書局，頁 252。

雨傘人 TIPS

　　主普壇在基隆中正公園的山腰，大概需要走 5 層樓的階梯數，周圍 24 小時都會有基隆人在活動，白天民眾運動、晚上情侶約會。平日，主普壇建築 1 樓為中元祭祀文物館，其他樓層未開放，近年因結構問題重新修繕；另外，加上基隆塔建設，或許未來的主普壇，在路程與功能上，都將更平易近人。

　　主普壇山腳，靠近基隆市政府、基隆市文化局、佛光山極樂寺、基隆醫院，還有很多金融機構、商城戲院與美味的餐廳、咖啡廳；結束主普壇跟中正公園的行程，下山後很適合選一間餐廳恢復體力。若是喜歡硬派、鹹辣香口味的推薦「小峨嵋川菜館」，想要來點異國風味可以去「巴基斯坦廚房」；若想要氣質小清新，「小腳落€ Little Corner」能品嘗簡單精緻的定食。

魔幻基隆

指引好兄弟上岸吃飽飽－望海巷

20.2022 年雞籠中元祭水燈景象

　　中元節普度前，一定要放水燈，水裡的孤魂野鬼跟陸地上的一樣重要。陸地上利用燈籠，指引好兄弟前往主普壇的路；水裡的好兄弟就要靠水燈。水燈是承載靈魂的物件，水裡好兄弟上岸的歸所在短暫的 7 月時光，接受陽世大眾的普度。望海巷，各姓氏水燈頭爭奇鬥豔，各家師傅各種用心，水燈頭的華麗實實在在地反映人們的期望，期望好兄弟舒適滿意，也期望自己平安順利。

　　日本時代，放水燈是農曆 7 月 25 日，1952 年因為「改善民俗綱要」將水燈日期改至農曆 7 月 14 日；然而，政策制定忽略了自然條件，農曆 7 月 14 日為海水漲潮，使水燈需藉由人力向外推出去，這也是近幾年主辦的姓氏宗親會想要再改變的部分。過去放水燈的地點，多數老人家回憶指稱在「基隆港」，報紙紀錄位於基隆文化局（日本時代為公會堂）旁邊，[18] 後來由於擴築基隆港東岸碼頭，因此移至望海巷。[19]

　　望海巷是一處漁港，位於八斗子東側，過去因為煤礦、火力發電，讓八斗子與瑞芳、金瓜石等地有著重要連結；近 10 年，海洋科技博物館、忘幽谷、潮境公園等景點開放，加上深澳線復啟、八斗子車站，以及各式景觀餐廳，讓八斗子、望海巷再次成為基隆旅遊的熱門關鍵字、濱海公路上的亮點，遊客拍照打卡的網美勝地。

18 〈慶安宮中元普施 廿五放河燈廿六普施 鐵道部運轉臨時列車〉。《漢文臺灣日日新報》夕刊（1932 年 8 月 22 日）。第 4 版；〈慶安宮河燈 極呈盛況〉。《漢文臺灣日日新報》日刊（1932 年 8 月 28 日）。第 8 版。
19 洪連成（1993）。《滄海桑田話基隆》。基隆市立文化中心。

1.2022 年雞籠中元祭水燈燃燒推入海

2. 望海巷自行車道

雨傘人 TIPS

　　於中元祭放水燈儀式前往望海巷，期間「車輛控管」，建議搭乘接駁車，提醒特別注意接駁車的起迄時間，盡量在遊行快結束前就先搭車至望海巷等待。遊行一結束，15字姓的水燈頭會集結在望海巷，等待儀式結束後，燃燒放出去。還有一個小叮嚀，現場可以攝影紀錄，然而，如果姓氏宗親會正在做內部儀式（或活動），或者表示不願意被拍攝時，必須給予尊重，遵守各姓氏宗親的規則。

羅漢腳與藝旦惺惺相惜－萬善祠／金環姨廟

　　民俗上建立祠、廟，是為讓這些無名的好兄弟，像各家祖先一樣，得到香火回歸正常的社會。先前與陰廟附近的居民聊天，多數並不是因為畏懼鬼魂作怪，而是對生命的尊重。祭祀孤魂野鬼的廟宇通常只會有 1 廟名，像是：有應公、義勇公、閭善公、先生祠等等，是以「男性」的鬼魂為祭祀對象；另外是針對未婚「女性」的靈魂，如：聖媽廟、姑娘廟等；如若不知性別，會以「萬善」、「大眾」總稱。

　　「萬善祠／金環姨廟」位於南榮路北端南榮宮土地公廟下，是 2 個廟名堆疊，萬善祠碑碣前供奉 1 尊女性神像，先有萬善祠，再有金環姨。萬善指的是過去開墾基隆的羅漢腳們，傳說在日本時代以前就存在，金環姨則出現在 1940 年代，由於故事都是口傳，並沒有文字詳細記錄，衍伸出幾種不同的版本，[20] 總整理大致為：有一從嘉義到基隆發展的藝旦，非常漂亮，後因同行忌妒或為異性追求不成遭毀容，退而在萬善祠服務，過世後一併被納入廟中供奉。附近有多間小吃店（或稱阿公店），且鄰近紅燈區，大部分的信眾是出於「身分」與「處境」上的認同，[21] 前往祭拜或整理環境。每次造訪，都能看見各種色彩鮮豔的鮮花束，讓整個空間充滿芬芳，桌上供品會出現女性慣用品，如：鏡子、蜜粉、口紅等，對比其他處，多了一分溫柔。

23. 萬善祠／金環姨廟現場，碑碣前供奉一尊女性神像

　　此處祭拜信眾絡繹不絕，每個人都會順手整理檯面、清潔環境，而且都很樂意聊天，不僅能從地方微故事認識基隆發展跟相關產業，還能與在地人互動，深入瞭解地方，歡迎熱愛自己探險的你，來「萬善祠／金環姨廟」獲得更多在地訊息。另外，還有一個誘因就是「白磚厝肉圓」，附近的在地美食，離廟口夜市只有約 5 分鐘路程，順道走訪也很便利！

　　萬善祠等陰廟處於日常周圍，造訪時僅需平常心，帶著自己平常隨身攜帶的護身小物即可，基本上不會有什麼問題；順帶一提，如果你的體質和我一樣，特別有靈異感應，筆者與雨都夥伴曾在開發路線時，造訪幾處較偏僻的萬善祠，每每讓人感覺有點不舒服，而且明顯感到難受，一旦覺得不對勁，就趕快離開。

CHAPTER 3

——魔幻基隆——

南榮宮管理人員訪談，訪問日期：2020 年 7 月。
林富士（1995）。《孤魂與鬼雄的世界—北臺灣的厲鬼信仰》。臺北縣立文化中心。

「眾」望所歸─集善祠與南榮公墓

　　南榮路最南端八堵隧道前的「集善祠」，[22]
我們在 2020 年從「三奇壹號咖啡館」老闆訪談
中，[23] 認識「集善祠」興建的原因：集善祠祭祀
的靈魂，原本存放在基隆港西的虎仔山，後因為
太平洋戰爭美軍轟炸基隆港，埋藏墓地下的屍骨
都跑至地面，無法辨認墓主；1940 年代江文奇先
生的祖父江嘉輝集募資金，風水堪輿擇定，請當
時市長林番王 [24] 批准，將虎仔山這片屍骨集結到
了現在的位置。江文奇先生家族每年會固定辦理
中元普度，定期修繕；「集善祠」見證基隆港的
太平洋戰爭，這個遷移的過程，反映多數人的民
俗觀，對於逝者的悲憫與同情。

　　介紹「集善祠」不能不提到「南榮公墓」，
「集善祠」位在南榮公墓口，前有石硬港溪（現
稱南榮河），後有魴頂、竹仔嶺，皆常見於基隆
開發相關史料文獻。如：石硬港早在 1654 年荷
蘭人基爾德辜繪製的《淡水與其附近村社暨雞籠
島略圖》簡稱《大臺北古地圖》中出現。[25]

　　南榮公墓正式名稱為「基隆市立殯葬管理
所」，墓群涵蓋整個山頭，從雞籠中元祭起源的
族群械鬥，到清法戰爭、乙未戰爭等國際戰爭，
不論哪個時代，這裡都是烽火交戰之處，或許，
這座山區是紀念、緬懷、尊敬前人最合適的地方。
昭和 10 年（1935），日本總督府認可，將這片
山區規劃成為「瀧川綜合墓地」，經過整理與美
化，直至昭和 11 年（1936）上半年開幕，「瀧
川綜合墓地」內有花園造景及噴水設施讓民眾遊
覽，僅就圖面，[26] 對比近代知名的觀光牧場草原，
絲毫不遜色。

24.南榮路最南端、八堵隧道前「集善祠」

25.1940 年代基隆市長林番王寫真

26.1654 年《淡水與其
近村社暨雞籠島略圖》

07

雨傘人 TIPS

　　至今，整體的地貌已改變，當年「瀧川綜合墓地」中所設置的公園，已成為多數人長眠的所在。花園與噴水池已然消逝，然而，南榮公墓內部主要幹道兩側，佈滿各式海上歸來的微型萬善祠、大型的同鄉大眾廟，還有許多歷史悠久、信仰各異的墳墓，連寵物都有所歸，堆疊整座山頭，是一處收存各種「靈魂」的史蹟現場。長輩都稱這裡是「夜總會」，越夜越美麗。南榮公墓每日都有開放，清明節前後則人潮較多，同家人掃墓後，我們都會順道走紅淡山健行，從南榮公墓的山徑就能通往基隆紅淡山、暖暖，建議對古墓有興趣的你，能來此路線半日遊。

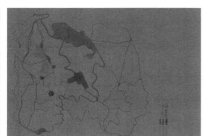

27.1936 年，南榮公墓前身「瀧川綜合墓地」規劃圖

28. 紅框中均為基隆市南榮公墓墓塚，遍布山頭

部分地方文史工作者認為此處與清法戰爭相關。
江文奇先生訪談，訪問日期：2019 年 3 月 18 日。
林番王（1899-1965），基隆市第 2 任市長，任期為1960 年 6 月 2 日至1965 年 7 月 11 日。
翁佳音（1998）。《大臺北古地圖考釋》。臺北縣立文化中心。
臺灣總督府檔案（1936）。《基隆市墓地火葬場移築費》。國史館臺灣文獻館。檔案典藏號：0001-069-6001。

見證基隆開墾史的孤魂—港仔口五十人公祠

08

29.「五十人公祠」附近居民，協力辦理中元普度的盛況

　　安樂區的「港仔口五十人公祠」在國道一號下方、大武崙溪旁，依據廟裡面的碑碣紀錄，這裡存放清領時期開墾此處的 50 個人，49 人因為疫病而歿，僅有 1 人生還但下落不明，為了緬懷拓墾的艱辛，為這群人先建塚、後建碑，再建祠，供附近居民後代供奉；裡面除了清代的先人，還有附近開發國道、隧道時挖掘出土的白骨。[27]

　　就名稱上，可以推測這裡曾是一渡口，是基隆河河運的見證；就碑碣上，是基隆疫病史的見證。除了實地的碑碣紀錄，在文獻紀錄上少得可憐，無法推想渡口的樣貌，也無法得知疫情的始末。

十足肯定的是，當地的向心力，每年農曆 7 月 29 日，居民都會自發性的集資、布置普度燈、聘請道士、擺置桌子、各自準備供品，共同協力辦理中元普度，至外地發展的住戶，還會在這個大日子回來。「五十人公祠」仍保留街坊鄰居互助風俗，普度儀式結束後，共食共享部分點心，還會彼此換食、贈與供品，沒有他處常見的現代化普度方案，以里長為召集中心，統一採買分配，住戶僅繳納費用即可。普度活動對好兄弟的虔敬或許是次要，其中真實溫暖的人際關懷、人與地方相黏，這份歸屬感才是最重要的。

）．「五十人公祠」普度桌，供品均為居民自發性籌備

雨傘人 TIPS

　　從五十人公祠出發，有多條山徑步道可走訪，最多人中意的是通往獅球嶺的步道，途經國道一號中興、大業隧道上方，從八堵翻越獅球嶺抵達基隆港區，至少須步行 1 至 1.5 小時；如果對比汽車與鐵路，不論是走新台五線的八堵隧道、安樂路二段的自強隧道，與縱貫鐵路的竹仔嶺隧道，只需要 10 分鐘不到的時間。雖然，交通建設帶來便利，還是邀請你來一趟在地信仰與「慢活」體驗之旅！

李豐楙、賴政育、葉亭妤（2000）。《鬼府神宮：基隆市陰廟調查》。基隆市立文化中心。

老大公廟

老大公們的代言人─許國春

老大公廟，是雞籠中元祭開始與結束的
所在，許國春從貨運老闆轉戰公廟秘書，
見證基隆的日常與非常。

走跳宮廟的挑戰 ───

「當初說只要會做帳，理解如何會計記帳即
可……，結果需要讀疏文、做祭儀，當時我連電
腦都不熟練……」 許國春緣於多年來投入老大
公廟所屬的嘉仁社區巡守隊，2007 年被引薦擔
任老大公廟秘書。他笑說因為高中主修商業會計
管理，想來容易上手，上崗才發現要讀寫祭祀疏
文、主持祭儀、解籤詩……，所幸他逐項摸索克
服。

其中，尤其是練書法，特別是「永、成、龍、
飛、鳳、舞」這 6 個字，到職後幾乎每日練習；
原來，在農曆 7 月，沿著安樂路到老大公廟，掛
滿將近 4、5 千盞信眾的普度公燈，每一盞燈籠
都得親筆題上信眾的名字或公司行號才顯得有誠
意。要完成這項工作，就必須練毛筆字，15 年來，
如今的他寫得一手漂亮好字。

鬼門開的日子 ───

端午節過後便開始籌備中元節，從寫普度公
燈起頭，一直忙碌到鬼門關那一刻還沒結束。
農曆 6 月的最後一日是老大公廟開燈夜，在開龕

門前，要先將夜晚的燈火點燃，為老大公們照亮
夜晚的路，迎接祂們到陽世間享用普度；農曆 7
月 1 日子時第一刻鐘（晚上 11 點 15 分）開始，
每一刻（15 分鐘）都有對應的儀式，每刻都無
法馬虎；農曆 7 月期間，每晚安排上演酬神戲，
答謝老大公庇佑，直到農曆 8 月 1 日關龕門，仍
要辦理「謝燈」，將信眾的普度公燈送至環保局
一起燃燒，感恩老大公讓今年順利完滿。

平日，許國春擔任「解籤者」的角色，這
項工作是他身為秘書經歷人生提問所千錘百鍊的
能力。面對來自信眾人生百態的考題，他每天都
會大量閱讀報章雜誌，理解社會動態與吸收新知
識，如此才能貼近與理解信眾的難題，解籤重點
不是給出絕對的答案，而是分擔信眾的憂慮。

「以前真能賺食 (tsuán-tsia̍h，意思為討
生活)，……西碼頭每間倉儲都叫不到車，……
整個碼頭都是三輪車、苦力。」許國春曾擔任貨
運老闆 27 年，過去，他穿梭大街小巷，見證基
隆港的繁榮，現在，他深入形形色色的人心，傳
遞信仰照拂的正能量。

基隆廣遠壇

與鬼、神打交道的男人—李游坤

全臺最會普度的基隆，道士就是城市標誌，尤其中元時節，當道士專業地完成普度儀式，彷彿每個人才能踏實。在雨都深受「麻瓜」所仰仗的道士，是如何養成的呢？

從事道士，四十不惑 ——

「31 歲開始跟父親學習，40 歲將藥行關閉，正式從事道士職業……做道士這件事我猶疑 10 年……」入行 30 餘年的基隆廣遠壇李游坤道長，大學畢業後開藥行、做藥劑師，求學經驗讓他無法全然認同當道士；然而，父執輩全都從事這行，家學淵源習得技藝並分攤父親工作。繼承家業之際，仍猶豫掙扎，「做道士能夠受人尊重嗎？」

下定決心的轉折點源自臺灣宗教學者李豐楙教授[28]向父親拜師。當時道長正著手跟父親學「做醮」，[29]與專業學者切磋之下，讓他深入理解，道教不僅是傳統信仰，同時是文學、是藝術。

普度，基隆道長第一門課 ——

「……基隆市到處普、每天普，那時我父親做不來，一天要跑 5、6 場，要趕快幫忙。」

己卯年（1999）雞籠中元祭，是道長辦理過最盛大的祭典，總共邀請 40 位道士協助，同時聘請國樂老師演奏。當時電視新聞報導「臺上有趣，臺下有趣，乃是一幅一起露露神恩，共擁宗教經驗的同樂圖」，[30]可以想像當時民眾參與的熱情與繁盛的景緻。

李游坤平日在臺北府城隍廟服務，晚上回基隆廣遠壇，消災、補運、祭解是例行工作。自 2013 年起，他每年辦理培訓班栽培子弟，後疫情時代，他更學會線上直播免費問事，即使年過古稀，仍努力實踐「做一個有修行的道人」。

---

28 李豐楙，國立政治大學中國文學系博士，現為國立政治大學文學院榮譽講座教授及中國文哲研究所兼任研究員。研究專長為道教文學、道教文化，曾獲得國科會傑出研究獎（1994、1997）。

29 做醮是大型祭典活動，有不同目的類型，主要為地方及信眾祈福、禳災，兼及超度境內無主孤魂。資料來源：謝宗榮（2016）。〈醮的民俗學｜先不管舞臺美醜了！你真的知道什麼是「做醮」嗎？〉。民俗亂彈。https://think.folklore.tw/posts/686。

30 基隆市林姓主普祭典委員會（2000）。《雞籠慶讚中元：己卯年林姓主普紀念專輯》。基隆市林姓主普祭典委員會。

小旅行路線：跟著好兄弟上山下海

　　基隆許多魔幻地點，除了大型祭典時期，平日人煙稀少，令人意外的是，大部分都坐落在住宅建物交錯的巷弄中、高速公路或主要幹道周邊，靜靜地處於市中心的角落，留下先人活過的痕跡、歷史的見證。傳說異聞、鬼怪奇談，總是充滿魅力，也必須親自造訪才能確切感受其中氛圍，在此精選 3 條中元祭期間限定的走讀路徑，體驗基隆常民信仰的神秘力量。

01 　不能忘記祢

推薦路線：旭川河 → 慶安宮 → 親民大樓 → 仁愛橋

　　中元祭核心小旅行路線！內涵鬥陣、拚藝，來自於雞籠中元祭的精神「以拚陣頭代替打破頭」。每年，基隆各方團體都為祭典投入大量心力，除了籌辦各項科儀，更是為了教育推廣雞籠中元祭文化而堅持。放水燈遊行時爭奇鬥豔，是主普姓氏宗親會的用心，因為整場祭典就是在地傳統文化的最佳廣告明星。

　　中元祭一定要去 2 個地點：慶安宮跟旭川河，可以用「漳、泉」、「西、福」解釋，漳、泉指中元祭起源故事，傳說慶安宮是漳泉和解的地方，因此慶安宮同時有這兩地原鄉請來的娘娘，象徵基隆城市的和平共存、共好。西福指北管樂的派別西皮、福路，臺灣北部、宜蘭地區曾因為派別不同而有嚴重的械鬥，彼此壁壘分明，在基隆，兩派人員也曾是井水不犯河水，現今被明德、至善、親民大樓覆蓋的旭川河，成為基隆劃分兩派的界線。廟口區域是西皮派，廟口開漳聖王廟 2 樓供奉西皮派主祀神田都元帥；基隆車站區域是福路派，不管是公園頂、城隍廟兩樓都是供奉西秦王爺。至今僅剩神明祭祀位置的區隔，還有中元祭迎斗燈儀式時，可以看見兩派尊重彼此地域的禮讓。

31.2022 年旭川河因工程在短暫被看見

魔幻基隆

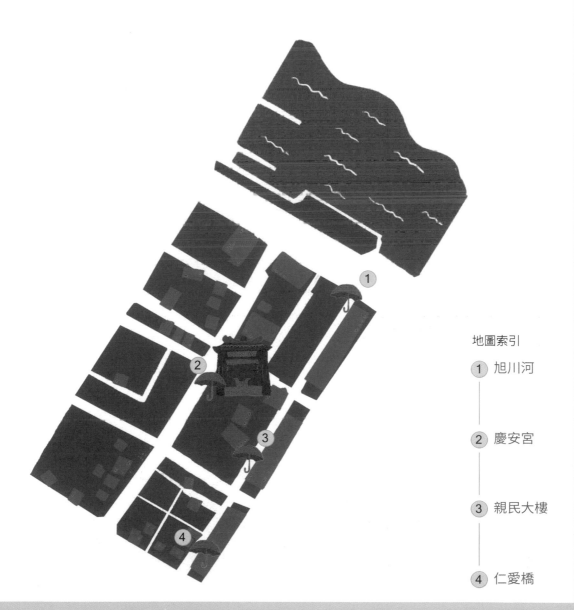

地圖索引

1 旭川河

2 慶安宮

3 親民大樓

4 仁愛橋

02 水燈放出去，出海落（làu）兄弟

推薦路線：基隆港 → 慶安宮 → 主普壇 → 望海巷

　　儲備好你的體力、眼力，迎接超瘋狂路線！必須在遊行隊伍間穿梭，中間行程將登上主普壇，最後趕上公車前往望海巷。有趣的是，如果沒有疫情，基隆市區重要的街道全部都會進行交通管制，任何人都可以恣意行走坐臥在車道上，這種機會可不是每個城市都能擁有！跟著遊行隊伍時不時會獲得小贈品，被噴灑「明星花露水」，穿梭在奇裝異服的隊伍裡，彷彿置身異世界。

　　夜晚前往主普壇的道路都閃閃發亮，掛滿色彩繽紛、造型奇趣的電燈，建議情侶不妨來此約會，漆黑空間點綴燈光，也算是一種浪漫。主普壇每一年依照不同的姓氏宗親組織，呈現不同的風格與設計，各有巧思，為了隔日普度做好準備，現場會有許多紙藝品，如：傳說管理好兄弟的大士爺、黑白無常、文青鬼居住的寒林院、好兄弟住的同歸所，如果不喜歡人擠人，可以選擇放水燈的日子來主普壇，觀賞國寶級的傳統技藝。

　　在接近深夜 24 時（子時），前往望海巷，觀看水燈燃放。基隆姓氏宗親會的水燈，都是重金打造的好兄弟豪宅，在道士結束儀式之前，把握時間欣賞或紀錄水燈頭。水燈燃燒後，將由專業人士將水燈推入海，深藍海水、白色浪花、紅色火焰勾勒出一幅壯麗的畫面，姓氏組織成員在岸邊喊著世間人的期望「興喔！旺喔！」，高昂的情緒更增添魔幻色彩，絕對值得你來體驗！

32.2021 年雞籠中元祭，望海巷放水燈現場

地圖索引

1　基隆港

2　慶安宮

3　主普壇

4　望海巷

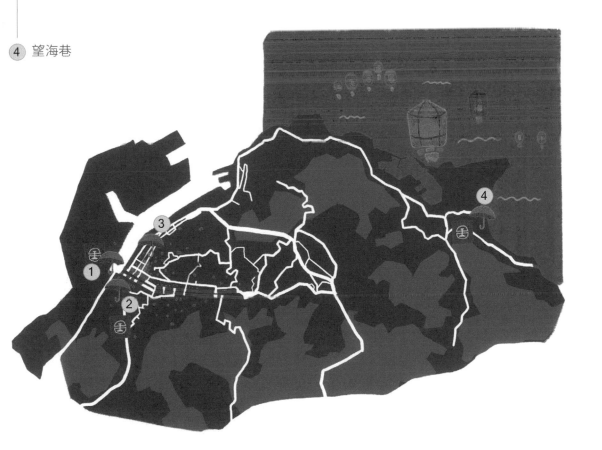

03 沒有忘記祢

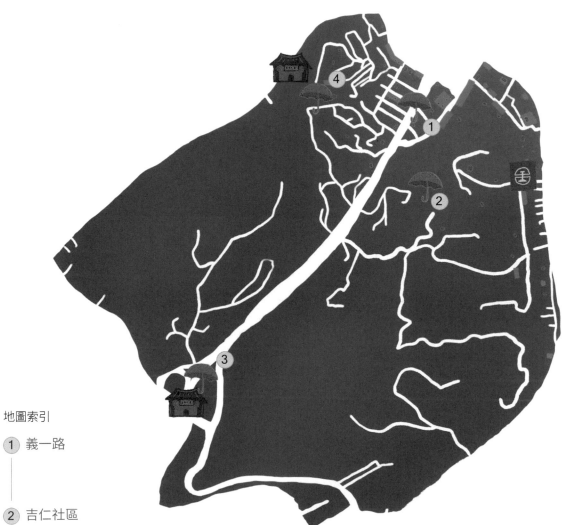

地圖索引

① 義一路

② 吉仁社區

③ 五十人公祠

④ 老大公廟

推薦路線：義一路 → 吉仁社區 → 五十人公祠 → 老大公廟

　　橫跨仁愛區、暖暖區、安樂區的小旅行，走訪 7 處不同類型的陰廟，觀察中元祭典以外，接近日常的魔幻空間。認識地方史要先從廟宇開始，廟宇需觀察碑碣[31]：「入村找廟，入廟找碑。」除了眾所周知的神明大廟之外，祭祀鬼魂的大眾廟、萬善祠會更接地氣。

　　先抵達仁愛區，田寮港到石硬港，再利用信義、仁愛國小之間的巷子，翻越小山坡。路線中，特別介紹「吉仁社區」，此處農曆 7 月會有 3 次大普度，在社區中心、社區入口、跟山坡角落，後者主要是因為有「闔善公」跟「萬善堂」，里民非常熱情參與當地普度活動，展現最道地熱鬧的常民普度場景！

　　再來暖暖區，除了「五十人公祠」，還會參觀八堵的福安宮，這座土地公面向基隆河上游與縱貫鐵路跟八堵車站，守護過去水陸交通的安全。縱貫鐵路於基隆八堵間的竹仔嶺隧道，在文獻上曾經有一招魂碑，紀念開鑿隧道過世的 140 位勞工，[32] 依據碑文跟日日新報紀錄，[33] 除了面臨隧道工程的地方危險外，工班還遭逢土匪搶奪與攻擊，和疾病侵襲。這群人的犧牲造就未來的便利，令人無限感嘆！只可惜因為現代化工程，讓這項紀錄消失在荒煙蔓草。

　　從安樂區經過自強隧道前往老大公廟，自強隧道常發生死亡車禍，因此社區定期辦理普度，也流傳許多靈異故事；此處，也能造訪獅球嶺隧道旁的「先生祠」，先生祠原本是放在防空洞中的骨甕，由當地居民建廟祭祀，附近社區自發性辦理聯合普度。

　　此路線沒有大江大海的歷史，卻有鮮活的人鬼神群像，尤其，街坊鄰里不為求得什麼，僅出自於讓生活環境更溫馨的想法，自發性祭祀孤魂，讓基隆人、基隆事更有溫度。

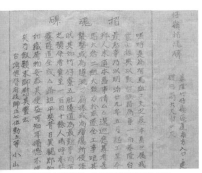

3. 基隆八堵間竹仔嶺隧道，竹仔寮招魂碑手繪紀錄

[31] 國立臺灣海洋大學海洋文化所吳蕙芳教授分享。
[32] 石坂莊作（1923）。《北台湾の古碑》。出版社不明。
[33] 〈竹仔寮招魂碑の建設式〉。《臺灣日日新報》日刊（1898 年 2 月 13 日）。第 2 版。

CHAPTER 3

──魔幻基隆──

魔幻基隆雨傘人　邱榆

暖暖人。

大學畢業後到現在,還在持續認識基隆各種事情。

德馨糕餅店
安樂區安一路 111 號

小峨嵋川菜館
中正區義一路 58 號

白磚厝肉圓
仁愛區南榮路 119 號

貓町咖啡
中正區義二路 2 巷 4 號

巴基斯坦廚房／真愛咖哩
中正區信三路 25 號

小腳落€ Little Corner
信義區信一路 141 巷 15 號 1 樓

調味基隆——

味蕾鄉愁百花齊放，
品嘗基隆移民薈萃的美食盛宴。

調味基隆

1. 位於仁一路上的老麵攤「稻香軒」

多元共融好「食」代

　　基隆，是一座「移民城市」，由於地理位置的優勢，成為船舶往來的樞紐，也牽引海內外多元族群匯聚。不同的歷史斷代，移民們帶來相異社會文化和獨特家鄉味，揮灑調和出別具特色的飲食地景。展開基隆美食版圖，臺菜、日本料理、粵菜、外省麵食、咖啡廳……融合多元滋味；不僅如此，基隆港邊漁業、貿易運輸業發達，勞工族群的身影日夜交替，絡繹不絕，造就了 24 小時美食城市。無論幾點來基隆，絕對不怕肚子餓！

　　早年基隆港繁盛時期，國外的貨船紛紛排隊靠岸，碼頭工人採 24 小時輪班應付大量的裝卸工作，只要船一靠港，就必須立即卸貨完畢才能休息。因應產業型態，基隆港邊小吃店密度高，多提供富含澱粉的食物，能吃飽、補充體力，例如：粥飯麵食等等，魚湯、炒麵以及米粉炒都是小吃攤常見品項；另外，市區「深夜美食」也不缺席，例如：「基隆廟口」攤位輪班的深夜密碼、鄰近基隆港「崁仔頂魚市」的散飲攤快速解決溫飽。

調味基隆

　　還有，「醒腦的咖啡」輾轉成了勞工最佳提神飲品，形成基隆常民咖啡文化。細究基隆飲食文化，主要受閩粵、日本、戰後來臺的中國各省人士和美國大兵，以及數量漸增的東南亞移民影響。曾經，各族群以家鄉味一解鄉愁，基隆便化身一場美食饗宴，展現多元豐富的飲食文化特色。不同時期的移民浪潮，流入了大街小巷，形塑基隆人的飲食性格與色彩，基隆美食不只在廟口，更多是隱身於巷弄的小攤販、老店家。難怪有人說基隆「五步之內必有美食」，不張揚的美味，卻延續了數個世代。

閩南移民家鄉味—基隆廟口

　　對於廟口，多數人只熟悉廟口前的飲食一條街，鮮少人知道那座「廟」。300 年前，漳州人落腳基隆虎仔山，帶來原鄉信仰，供奉開漳聖王，隨著各批移民沿著海灣內港而居，形成市街；直至 1875 年，於玉田里（因往昔周圍稻田金黃灙灙，劉銘傳形容此地「田美如玉」而得其名）一帶興建大廟「奠濟宮」。

　　作為主要信仰中心，人潮往來的奠濟宮前，漸漸集市，出現流動攤販。早期臺灣街頭攤販的描繪，多是以架子形式販賣麵、飯；日本時代，透過發放牌照允許在廟埕兩側設固定攤位，將流動攤販統一管理。像是，31 號攤「天一香肉羹順」，於日本時代就在廟埕設攤，戰後才移至現址。[1] 戰後廟口攤販增加，從廟埕旁向仁三路兩側發展，漸漸在仁三路出現雛形後，攤販區域大致固定，演變成現在的飲食風貌，便稱以「老廟口」，與後來延伸至愛四路的新設區段有所區隔。

3

2

4

　仁三路上的廟口，形同一處保存臺灣移民小吃的大舞臺。漳泉相繼到來後，日本時代，又因與福州通航，吸引福州人到基隆開啟新生活，開展出「善治海鮮，每多羹湯」的閩菜，為基隆飲食主流，廟口攤販亦如此：以福州口味為大宗，紅糟、羹湯為廟口特色，搭配漳州種類的米粉湯、雞捲，與泉州種類的豆簽等米食文化；穿插在不同年代影響下，帶入了日本料理、美援時期麵粉援助而興起的三明治；1990 年代後，便於入口的一口香腸等等。總合了基隆廟口的飲食系譜。

　發展至今，廟口諸多小吃確立了經典地位，而廟口的精彩更是一路從清晨至宵夜時分，除了固定攤位，因應港口深夜工作的性質，延展出特有的「分班營業制」，出現寄居小吃攤，來為夜間上下工的人服務。因此，想要以老饕姿態體驗廟口，選擇在宵夜與清晨之時遊走，亦會找到意外的美味。

2. 奠濟宮廟埕 3. 廟口許多攤家販售羹湯品項 4. 廟口的深夜密碼。寄居於鍋燒麵攤位底下的「清粥小菜」

① 曹銘宗、陳雅玲(1997)。《台灣的飲食街道：基隆廟口文化》。基隆市立文化中心，頁88。

—調味基隆—

雨傘人 TIPS

廟口旁側有一條「青草巷」，可與廟口歷史一同回溯。早年移民渡臺，因瘟疫頻傳，醫療資源缺乏的年代，多以民俗草藥來保健強身。走進百年草藥店，像是一座迷你植物園，綠意滿溢，搭襯鋁盒子上的古樸紅紙，紅紙寫著藥草之名：觀音串、金腰帶、雙面刺、水丁香、白龍船……，牽引出深厚的青草文化與草藥智慧。雖然，現代生活以西藥為主流，取代取百草費時熬煮的做法，仍能見到不少人帶著古老配方來採買草藥，例如：羊奶頭顧筋骨、山葡萄清熱去濕……，鏈結了土地力量與傳承秘笈一般，延續祖傳的飲用療法。

5. 傳承四代的青草店「廣興堂」店內一景

歷久彌新老味道—三沙灣

　　三沙灣曾為一片漁港景象，1971 年填海造陸後成為東岸碼頭與中船路，由於填海後港口風景消失，只能從其地名嘗試深入瞭解。原為灣澳地形的三沙灣，是基隆沙灣一帶的小型港灣，因溪流海港交會，形成農漁聚落，清代稱為「三沙灣庄」，日本時代，政府在此闢建漁港（名為三沙灣漁港），吸引更多漁民移入，後來因不敷使用，另於「八尺門」再建設漁港（即為現今的正濱漁港）取代之；直到二戰後，港務需求增加擴建港埠，填埋三沙灣，原先的漁港景觀成為碼頭腹地。除了原居的漁民與勞動族群，以及戰後跟著國軍撤退的「大陳義胞」[2] 移民落腳此帶山坡地，[3] 還有後來的碼頭工人，亦在此形成微型聚落。此後，三沙灣聚落樣態轉變。

6. 昔日未填海造陸前的「三沙灣船澳」

　　三沙灣美食，老基隆人都知道，像是：麵線羹、肉羹、米粉湯、知高飯，還有在地咖哩餅店。雖說三沙灣小吃規模不若廟口與車站一帶，但亦是深藏不凡味道的基隆小吃街區，過去「水窟仔」（三沙灣俗稱）盛景，周邊有製冰廠、船舶修造廠、魚市場。更善用產地之利將海產加工，例如：聞名的基隆魚漿製品—甜不辣、吉古拉[4]，不論在口味與用料上都彰顯其獨特性。以三沙灣聞名的麵線羹來說，基底為魚羹「魚漿內包裹著大腸頭」，只有在基隆才吃得到的獨門配料，採用高比例的鯊魚漿加粉調和後，加入大腸製成；再說起麵線羹，這口味源自廈門飲食傳統，於日本時代跟著中國沿海的移民上岸基隆，逐漸融合成基隆特有的魚羹加麵線吃法。[5]

基隆麵線羹特有配料「魚漿裹大腸」

調味基隆

　　綜論，羹湯為基隆飲食主流之一，是受到早期閩南移民影響，基隆的肉羹有別於外地，亦是裹上鯊魚漿而非太白粉，作法則先將肉羹燙熟才加入分別熬製好的羹湯，沒有厚重的勾芡，彰顯了湯的鮮甜與裹著魚漿的彈實肉條。三沙灣上的「金龍肉羹」，其肉羹與豬腳、大鍋湯滷小菜，是歷久彌新的老味道。

8. 肉羹湯

雨傘人 TIPS

　　三沙灣雖偏離基隆市區，卻交通便捷。從基隆市區搭乘 1 字頭公車，前往和平島、八斗子方向，都能輕易抵達。在三沙灣吃完美食後，跳上公車，前往大沙灣園區散步，逛逛重新修建的 2 棟昭和時期房舍－要塞司令部官邸、校官眷舍；再往前，可到達正濱漁港、潮境公園與八斗子漁港一帶，串連起一日東岸環港行程。過去三沙灣漁港及正濱漁港交錯的命運，其歷史背景與發展變遷造就了兩處極為不同的人文景觀，更與目前基隆主力漁港－八斗子漁港，相互對照，可漫步一趟基隆漁業發展的歷程。

② 臺灣大陳人，又稱大陳義胞，是 1955 年浙江省沿岸大陳島、漁山列島、披山島、南麂列島撤退來到臺灣的居民。此次撤退史稱大陳島撤退。
③ 基隆中船里蔣春生里長訪談，訪談日期 2022 年 1 月 27 日。
④ 指的便是竹輪，從日文發音ちくわ演變而來。日本時代，日本人為了善用鯊魚白肉，便以鯊魚漿加太白粉來製作竹輪、甜不辣等魚漿製品。在基隆因漁獲量大，致使魚漿內的魚肉比例高，因此口味特別鮮甜。
⑤ 包子逸（2021）。《小吃碗上外太空》。有鹿文化出版社，頁 216。

戰後基隆飲食系譜—孝三路

03

自老廟口攤販飽和後,孝三路與車站周邊,鄰近港口,具有人來人往的港口商機,發展為另一處飲食街口,過去以勞工族群、通勤學子為服務人口,已如同在地人的灶跤(tsàu-kha),長時間冗澱後的今日,累積了其飲食痕跡,提煉出廟口以外,多元的飲食色彩。

攤開日本時代地圖,便看見此地段商店雲集。來到 1950 ～ 1990 年間,基隆港更是榮景無限,24 小時都有船班靠港,老基隆人憶起當時碼頭工作是沒日沒夜裝卸、數天才能夠回家。孝三路延續了日本時代港邊經商營業的特點,搖身轉變為隨處可見的小吃攤,因應碼頭工人與報關行、理貨行密集的需求,形成了港口邊一處食事街區。

9. 基隆市日本職業別明細圖(1929):地圖內港口左下區塊為車站一帶,商店雲集

. 孝三路與其巷弄間,能見到許多卡拉 OK 店

細究孝三路上的飲食品類,可概覽戰後的基隆味道譜系脈絡。隨處可見的麵攤、豆漿、煎包,可窺見這裡曾是外省移民聚落,當時國軍撤退來臺,在基隆上了岸,有的人便落地生根,帶來外省口味,例如:遠東賴家水煎包、三角窗麵擔、老戴豆漿都在此條路上。

與林立的小吃店共同交織出孝三路街景,你會發現二樓以上的外牆,或是歌聲頻傳的巷弄間,掛上小吃店招牌,像是「月彎彎小吃店」、「金水灣小吃店」、「紅屋小吃店」……等,實際上除了小吃店的功能,這類型的店家通常附設卡拉 OK,讓碼頭工人放鬆高歌。[6]

雨傘人 TIPS

　　以孝三路錨定美食地標，擴展至周圍的忠二路、忠三路，與南站出口的孝四路，都是探索美食小吃的範圍。跟著以下主題分類，吃出孝三路的區域飲食特色！第一，閩南傳統的米食與吃粗飽麵食，有奕澤鹹粥、無名粿仔湯、三角窗麵擔、長腳乾麵、大腸圈等；第二，外省移民帶來的特色早餐，如老戴豆漿燒餅、阿信豆漿、今日蔥油餅配餛飩湯，可以讓你一早胃袋就超滿足；第三，基隆海鮮也是一絕，像是簡家蚵仔煎、魷魚羹、吉古拉等。此外，想體驗碼頭工人上工與下工間隙時的快餐與熱炒小吃的話，到天天鮮吃炸排骨蝦仁組合便當、三姐妹熱炒配提神飲品三光。最後，再來個點心，品項也展現各移民的飲食精華，如阿本燒賣、遠東賴家水煎包、路邊攤傳統豆花、阿山哥雙胞胎、肉圓、豬肝腸等。[7]

11. 天天鮮炸排骨

12. 阿信豆漿

13. 三角窗麵擔之料理

⑥ 民國 60 幾年時，茶店仔、酒店、阿公店盛行。阿公店即地下酒家，以小吃店的名義，裝潢沒有酒家講究；茶店仔較基層；還有清茶館，沒有小姐坐檯，簡單喝茶聊天。附設卡拉 OK 的型態則在 1980 年代後才流行於臺灣。資料來源：魏明毅（2012）。《基隆碼頭工人：貨船、情感及其社會生活》（碩士論文）。國立清華大學。

⑦ 基隆特色小吃「豬肝腸」，據說源自廣東，類似臘腸作法，在豬腸內填入豬肉和豬肝。傳入基隆後加以改良為清淡偏甜的口味。在基隆有孝三路、仁愛市場兩處販賣豬肝腸。

咖哩與沙茶的碰撞—流籠頭

04

日本時代，基隆港與基隆內木山之間、西岸中華路與復旦路交會一帶，以流籠纜車，將內木山所產煤礦運送至此，再從港口輸出，此地因而稱為「流籠頭」。在流籠頭周邊，曾設有工寮提供挑炭工人及碼頭工人住所，像是 1930 年代，日本三井物產聘僱溫州工人來到基隆挑炭，在西六碼頭山坡地一處建有溫州寮；戰後，從臺灣各地移入基隆的勞工族群，亦居住於臨港的西岸山坡地帶，過去由碼頭工會提供工寮，如今「健民社區」還有美援時代所建造的工寮遺跡。

基隆港繁榮時，流籠頭與西十六碼頭所在的仙洞地區，曾是碼頭工人人口密集的一帶，形塑此地多元小吃聚落，其口味更為簡單和粗獷，代表性飲食有：加入咖哩的牛肉沙茶炒麵、牛肉麵、米粉湯、鮮魚湯等，於復旦路周邊皆可尋獲。

炒麵加入咖哩粉特調，這項基隆的特色美食「咖哩炒麵」是基隆港邊處處可見的日常小吃。而流籠頭這裡更加入了沙茶，標記出此處的獨家之味，更具體說明了基隆港容納不同移民的氣度，調和日本、潮汕、南洋等異國風味，成就了這道來到流籠頭的必吃美食：咖哩沙茶炒麵。原產自印度的咖哩，大航海時期傳入歐洲後向西方傳播開來，隨著明治維新傳入日本，爾後也將象徵文明開化的洋食料理—咖哩飯，帶入了臺灣。[8] 沙茶也同樣漂泊，源自於東南亞沙嗲醬的沙茶，被廣東早期下南洋的移民帶回後，改良加入蝦米等風味，戰後跟隨國軍撤退來臺的廣東移民上岸基隆，在此安頓，遍地留下了沙茶牛肉菜餚與火鍋。[9] 當年廣東移民靈機一動，將這口沙茶味加入日本時代引進的咖哩粉，與芥蘭、牛肉快炒後，成為一道能迅速補充體力，去濕排汗的料理，相當受到勞動族群喜愛。

4. 咖哩沙茶炒麵

雨傘人 TIPS

　　咖哩，是基隆食物中最道地的其一滋味，但點炒麵時記得看清楚是否加入咖哩，以免錯過這令人著迷的香濃口感。基隆的店家多以咖哩炒麵為名，但東西兩岸的表現各異，透過一道佳餚，可以感受基隆不同區域的人文與生活。除了調和咖哩和沙茶的比例略有不同，麵條選用上，東岸以油麵入炒，而西岸則使用飽足感更加倍的烏龍麵；加入的配料也各有千秋，東岸多見魚板、吉古拉、豬肝、肉片等什錦佐料，西岸則以黃牛肉、芥蘭為主。一道料理隨著時間與不同移民的詮釋與需求，至今在基隆吃咖哩炒麵都有日新月異的感受。

15. 東岸版咖哩炒麵

⑧ 曾齡儀（2020）。〈臺灣咖哩的前世今生〉。料理・臺灣。https://ryoritaiwan.fcdc.org.tw/article.aspx?websn=6&id=5516。
⑨ 曾齡儀（2020）。《沙茶：戰後潮汕移民與臺灣飲食變遷》。前衛出版社。

時代咖啡香百轉千迴—市區咖啡廳

05

　　基隆市區基隆廟口、仁愛市場、火車站一帶，咖啡店密度也好比一杯義式濃縮，3、5 步之間，輕易地就能在騎樓下找到咖啡座。談起咖啡在臺灣，回溯百年前日本時代，歐化主義影響下，初嘗這摩登的滋味。20 世紀初，隨著基隆港現代化的發展，直到 1990 年代前，基隆港扮演著輸入來自世界各地潮流的要角，咖啡的氣味與飲用習慣自然地落腳基隆。

16. 基隆特有騎樓咖啡街景

　　自 1920 年代開始至今，隨著年代變遷，咖啡在基隆也以不同姿態與基隆人共處，從日本時代設有「女給」（女性服務員）服務的珈琲店、美援時代咖啡女郎的咖啡廳、供應勞工族群的露天咖啡座……，到近 20 年精品咖啡浪潮，咖啡文化逐漸從上流階層品味咖啡的風潮，輾轉成為勞動者沒日沒夜工作之下的醒腦飲品，進而融入這座城市，形成了發時間的常民咖啡文化。

17. 美軍時期開設的咖啡廳，名片上可以見到提供咖啡女郎陪侍服務的英文標示

　　老基隆人對咖啡的記憶，是一抹濃苦焦香的深焙，臺灣早期咖啡文化受日本影響，1970 年代從日本引進虹吸咖啡後，蔚為流行，由於虹吸能把咖啡豆的甘度和膠質完整萃取出來，風味呈現上較為厚實且油脂感較重，若無此苦澀感，老一輩倒覺得像喝白開水。1960 年代以前的基隆咖啡館皆已消失，日常裡還能感受其年代氛圍的老店家，仍使用虹吸壺沖煮咖啡，形塑老一輩對於咖啡的味覺記憶。

　　1980 年代登場的簡餐咖啡店，是多數人不能忘懷的年代，臺灣股市一片榮景，當時許多人便會到國際百貨（現今孝二路上）樓上看盤，中午收盤時間一到，便到樓下簡餐店一條街，吃著套餐，飯後享用一杯咖啡，成為時代背景下的獨特印記。除了股票交易者的情報資訊站，亦有許多基隆家庭全家到簡餐咖啡店，度過聚餐談天的歡樂時光。

18. 位於愛一路上的「米雅咖啡餐飲－阿來的店」內部

調味基隆

　　想要一秒走入基隆人咖啡日常，不得不提騎樓的咖啡風景。基隆常常一條路上就有2、3家咖啡店，即便有店內空間，依舊會在騎樓擺上桌椅，不同啜飲咖啡的族群，從開店一早不停輪替。年紀稍長的阿伯們，三三兩兩聚集著閒話家常，這般景緻從港邊孝三路、明德大樓騎樓，一路接到仁二路、劉銘傳路，相當廣泛。尤其，進入雨季的基隆，可以走跳的地方變少，騎樓咖啡的需求更為強勁。另外，不少保存良好的基隆老屋，經由咖啡館進駐後重新打造新生命，像是安樓咖啡、金豆咖啡、三奇壹號等等，想要感受基隆老宅風華，不妨來老屋咖啡品嘗咖啡時光。

19. 位於仁三路上的老屋咖啡店「安樓咖啡」

神明呵咾（o-ló）的好滋味—草店尾傳統糕餅店

　　基隆有句俗諺「哨船頭大賣，草店尾小賣」，勾勒出日本時代日人與漢人經商區域的劃分及貿易概況。[10] 草店尾，泛指為現今仁愛國小至愛一路、仁五路的一大範圍，[11] 自日本時代以來一直是在地閩南社群的漢人生活圈，也集中了基隆百年廟宇、以及許多老字號，像是糕餅、金紙、算命等，至今此處依舊反映著傳統產業與街區的生活氣息。

　　訴說早期移民飲食文化，「糕餅」亦是其一大篇章。基隆傳統糕餅的特色，除了古法製餅的各字號與味道，更在於緊密連結日常祭祀的關係，尤其每到農曆七月的中元祭，街頭巷尾處處舉辦普度儀式，都會採購各式供品以及傳統糕餅進行祭拜，因而在地傳統糕餅店處處擺上盞、糕仔與糕潤的景象。

　　百年老店「連珍糕餅」位於愛二路，是許多廟會活動的戰區，往昔中元時節，因應眾多的祭祀與普度需要製作大量的糕餅，因而會在店面張貼公告—今天是什麼日子、需要怎樣的糕餅，[12] 到了現代社會，即便不若過去強調古禮準備祭品，仍可感受在地重視祭祀的氛圍。

20. 連珍糕餅店內販售的八角糕

普通拜拜用鹹糕；敬神與祭祀做醮用壽桃麵線盞、糕盞；中元祭敬拜好兄弟用毛荷必桃……，在傳統糕餅店如連珍、周明治蛋糕店，「盞對」林立的門口，讓人一眼就認出老糕餅店所在。

21. 祭祀所用的「盞」林立店門口景象

雨傘人 TIPS

綠豆椪遇上了咖哩，基隆糕餅店特有的一味，說明了基隆多元飲食文化美妙的碰撞。受到日本時代的咖哩食用推廣的影響，[13] 又咖哩特性能去濕氣，因而在基隆，咖哩被廣泛運用於飲食之中，更巧妙地融入了傳統糕餅，就成為許多老店的招牌「咖哩餅」。不過與綠豆椪又有些微不同，咖哩餅內夾著碎肉塊，鹹香滋味調和咖哩辛香，絕妙組合。

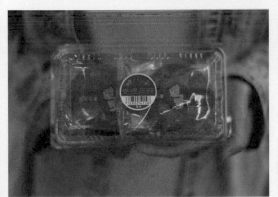

22. 連珍糕餅店內販售的咖哩餅

23/24. 日本時代即食咖哩廣告。圖中日文「カレー」，即為咖哩

值得一提的是，傳統糕餅轉向現代生活，因應新世代飲食觀念的變化，「糕仔」改以減糖配方調整口味符合現代需求，一掃過去甜膩的印象，亦可選擇以傳統糕仔為主角的特色禮盒，讓送禮心意上增添傳統製餅藝術。

「哨船頭往東，即今義二路一帶，是日本人的商店街，街衢整齊亮麗……比起哨船頭的日本街，草店尾顯得極為簡陋。」參考自許梅貞主編（2001）。《基隆市民間文學采集（二）》。基隆市立文化中心。
草店尾發展協會江文奇先生口述提供。
吳冠萱。〈雞籠中元祭的糕餅業者〉。雨都漫步 Keelung For A Walk。https://keelung-for-a-walk.com/zh/%e5%9f%ba%e9%9a%86%e4%b8%ad%e5%85%83%e7%a5%ad/11093/。
imobert。〈【台灣文化】＃閱讀的小旅行：基隆的咖哩味〉。雨都漫步 Keelung For A Walk。https://keelung-for-a-walk.com/zh/吃吃/4434/。

庶民美食集大成—仁愛與博愛市場

日本時代，政府於基隆創建出許多新生用地，其中，蚵殼港改道，與石硬港合併為旭川河出海，筆直設計擴大土地可使用範圍。平地上則規劃一座市場—福德市場，因位處於以基隆官道福德廟範圍劃分的福德街區而來，為「仁愛市場」最初之名，於1910年設立。[14]1930年，「福德市場」改建為「公設福德食料品小賣場」，長久以來是基隆人口中的「大市場」，主要作為蔬果批發，也是基隆早期最大副食品供應地，販售罐頭等。

25. 舊時仁愛市場周邊

由於周邊生活圈多為做生意的人口，像是廟口、崁仔頂魚市，使得舊時的大市場，熱鬧非凡。縱使轉身為仁愛市場，依舊生猛活躍。帶有濃烈草根氣息的仁愛市場，實際上是與另一座「博愛市場」合為一體。1980年代，市場與一旁日本時代因颱風收容災民所設立的社會住宅「博愛團」，[15]一併拆除重建後合併，也將當時的路邊攤販挪至新空間設置攤位管理，成為現今看到以空橋相連，1、2樓作為市場，3樓以上為住宅的複合式建築。如今，市場2樓也因為位於室內的優點，形成菜籃族女性享有一站式多元服務的場域，可以採買、洗頭美甲、添購服飾，就連收驚都能見到。

仁愛市場集基隆不同年代飲食大成，化作什錦麵、飯大本營，[16]外省移民口味的水餃牛肉麵、為港邊勞動族群所開展的咖哩炒麵、深受饕客愛戴的日本料理老店，及在地歷史悠久的老口味鹹粥、鹹湯圓與豬肝腸⋯⋯。不能忘了市場內還有虹吸咖啡與甜點，凡此種種，成為基隆飲食熔爐的縮影。

雨傘人 TIPS

仁愛市場 2 樓有如小小迷宮一般，飲食店家繁多，吃到哪一味則足以用緣分來形容，好好走逛有助挖掘老味道，推薦從 60 年前市場路邊擺攤至今藏身在市場 2 樓角落的「溪記蚵仔鹹粥」，所賣的炸旗魚口感獨特，雞捲也是獨門配料製作，口感厚實，鹹粥的湯頭更有蝦米襯底。

2 樓吃完後，來學在地人採購！1 樓生鮮市場，有超多基隆在地日常飲食的食材攤位，甜不辣、燒賣、吉古拉等海鮮加工品，是基隆人會特別來仁愛市場採買的品項。1 樓市場轉角處的「兩全天婦羅」每到傍晚時分，總有排隊人龍等著現炸的肥胖甜不辣出場，「順記」現炸的紅糟肉、紅燒鰻魚、鯊魚煙，也是基隆主婦採購清單必備。

26. 仁愛市場「兩全天婦羅」一隅

加藤守道（1929）。《基隆市》。基隆市役所。
1919 年颱風侵襲使基隆房屋損害嚴重，該時臺北廳長邀請顏雲年、林熊徵、辜顯榮、基隆廳長研議設立「財團法人基隆博愛團」，提供平民租賃住宅與從事慈善。1922 年於基隆福德町一帶興建住宅稱為「基隆博愛團」，1 樓為店舖，2、3 樓為住家，租金為 4 圓 50 錢，住戶以勞工居多。資料來源：陳凱雯（2019）。〈日本時代的公共住宅─基隆博愛團〉。《臺灣學通訊》，111 期，頁 20-21。
葉怡蘭（2020 年 12 月 2 日）。〈葉怡蘭：麵控天堂〉。VERSE。https://www.verse.com.tw/article/yilan-yeh-paradise-of-noodle-lover。

新「食」力在基隆—港口周邊東南亞商店

調味基隆

27. 基隆車站周邊東南亞商店

　　1950 年代，臺灣經濟起飛，帶動服務貿易產業發展，社會中勞動人口向上移動，底層面臨缺工問題；在基隆，以漁業、船舶和工業為主要產業，同樣出現勞動力缺口。於是自 80 年代至今，超過 30 年，由東南亞勞工進行替補。

　　基隆移工的人口中，以從事看護的比例最高，[17] 其餘分散在各產業移工（廠工和漁工），又以印尼、菲律賓人數最多，[18] 基隆車站南站周邊就有數間以服務印尼籍顧客為主的商店。在東南亞商店可以體驗印尼道地料理，形式跟臺式便當雷同，但料理添加了羅望子香料所做的咖哩風味，以及加入印尼餐桌上常見的辣醬、白醋和甜醬油，便是移工們思念的家鄉味。

28. 香氣和顏色都相當引發食慾的東南亞料理。圖為 MEGA 商店老闆娘示範所做的巴東雞肉

而在基隆就可以吃到曾在 CNN 旅遊部國際 50 項美食年度票選中，兩度被選為冠軍的「巴東牛肉」！位在衛生福利部基隆醫院附近的「MEGA 商店」，有獨門秘方，配上辣勁十足的天貝做為配菜，僅僅是簡單的盒飯，卻足以讓味蕾跳動，感受口中豐富的香氣。

觀看移工與港邊東南亞商店密不可分的關係，商店除了供應生活所需以外，經常能見到店內設有做禮拜的祈禱室，別具特色；中午 12 點至下午 2 點，商店會出現一波人潮，因此時為看護工的午休時間，移工們可以暫時放下複雜的中文聽說，盡情使用家鄉話聊天，和遙遠一方的家人開啟視訊暢談的時光。

雨來人 TIPS

從美食體驗印尼生活和文化是相當美妙的媒介。小提醒，由於東南亞飲食都佐以辣椒和香料，口味較重，食用完東南亞便當可以在店內購買椰子水，或是臺式手搖飲，都能解辣去膩。進到東南亞商店內，第一眼就會被一大櫃、一包包透明包裝餅乾所吸引，和臺灣市場裡所見的古早味零嘴類似，東南亞零食也令人大開眼界，光是蝦餅就有辣味、鹹味，還有一種焦糖香蕉脆片，也是我每到商店內必買的品項！雖然餅乾外型都十分相似，但口味懸殊，建議抱著嘗鮮心態購買，而且印尼商店的價格親民，一次買 3 包 100 元很划算！

產業移工人數是指外國人受聘僱從事就業服務法第 46 條第 1 項第 8 款及第 10 款規定之海洋漁撈工作、製造工作、營造工作、屠宰工作、乳牛飼育工作、外展農務工作之人數。社福移工人數是指外國人受聘僱從事就業服務法第 46 條第 1 項第 9 款規定之家庭幫傭工作、機構看護工作、家庭看護工作、外展看護工作之人數。
● 根據「勞動統計查詢網」民國 109 至 111 年資料顯示。

愛九路大腸圈

兩代美味接班人—Joanna

天光漸暗，劉銘傳路口（過去有小廟口之稱）人潮湧現，三角窗騎樓間，備妥蒸鍋內的大腸圈、內臟盤和四神大骨湯鍋，Joanna 點上一盞暖黃的小燈亮起，候迎著循味而來的客人。

正宗基隆大腸圈家業 ———

「今天要吃什麼？一樣不加辣嗎？」二代年輕闆娘 Joanna 幾乎一眼認出是熟客，俐落地從蒸鍋中取出一段大腸圈，輕巧地切成厚圓 Q 彈的片狀，淋上特調醬料後，打包遞上。

10 年前，她回基隆接手父母親打下的大腸圈招牌，「有的客人得知是小孩接手，一開始會擔心味道會不會改變。」Joanna 笑稱自己因為延畢的關係，多玩了幾年，畢業後原本打算邊準備高考邊幫忙父母親顧生意。但人生就會在「該你擔責的時候考驗你」，父母因病倒下，也讓 Joanna 決定放棄當公務員的心願，繼承家業。

Joanna 自有記憶以來，家裡就和大腸圈有很深的淵源，奶奶原先在基隆南榮路舊客運總站附近賣大腸圈，30 多年前，父親結束那卡西人生，合夥母親向奶奶學習製作大腸圈的手藝，開啟在劉銘傳路擺攤的家業，師出同門的還有「仁愛市場大腸圈」，是她的姑姑經營。

守護老招牌的味道與記憶———

畢業於文創科系的 Joanna，懷著傳承與職人的心，來維護這道手藝，她細心保存父母帶給老客人的味道與記憶。攤車上紅底白字醒目招牌、常見的透明條紋塑膠袋……，Joanna 堅持著與客人無形的連結。

除了經典商品大腸圈以外，豬肺、豬心等內臟也是暢銷小菜。「處理這些內臟，是一天中最耗時間的準備工夫。尤其豬肺，是最難的部位。」10 點開始，媽媽採買完食材，便換 Joanna 進入一天的工作：清洗、汆燙內臟，擺攤招呼，直到深夜。

來到大腸圈的後場、也是 Joanna 和父母的家，傳來悠揚琴聲，「我很喜歡彈琴，甚至在工前置準備時，中間空檔我就會摸一下，早起要出門工作前我也會爬音階暖手半小時。」以家為名的「愛九路大腸圈」，給 Joanna 做小吃傳承的使命感，不像一般人有餘裕的時間玩樂，遇到休息日，Joanna 還會特別跑去三重學鋼琴，也因為琴音相伴而讓她不時充飽電，保持對這份家業的熱情。

基隆美食隨筆

雨都盛宴傳道人—Cheng

才剛結束爲期一年的跑船工作，航向哥倫比亞、澳洲，返回臺灣後，Cheng 換起輕便的居家服，拾起相機，穿梭雨都巷弄爲〈調味基隆〉攝影，再次與美食對接。

捍衛基隆美食名號 ———

單純因為同學一句話：「基隆沒什麼好吃的！」意外開啟他在基隆求學生活的飲食紀錄，Cheng 創立 Instagram 帳號「基隆美食隨筆」，總共發布 500 多篇貼文。

「早餐要吃得豐盛足以啟動一天的精彩程度，所以通常早餐我會離開學校吃，會特別在早八的課前，即便下雨也會早起從海大搭 1 字頭公車跑到市區，找米粉湯、米苔目吃，像信義市場家宏米粉湯，我很常去吃，再點上一些炸物、黑白切小菜，早上口腔上有不同有趣的碰撞。」基隆早餐簡單小碗，搭配海鮮湯底更是美味，又能讓人飽足，特別符合他對早餐的期待！

Cheng 對基隆美食的細膩見解，反映在他的飲食書寫上，例如：他寫基隆肉圓「眼及能見的渦油清澈、保有高透光性，基隆的肉圓是採油泡式的。Q 彈地瓜粉漿內裹入紅糟腿肉塊、味道酸香之解膩筍絲，店家上桌前為體貼食客方便，會用剪刀剪出一個十字，淋上醬料，滿滿餡料開門見客讓人食慾大開。」一眼洞悉小吃碗裡基隆肉圓的風景。

在基隆品味生活———

「體驗一種吃的趣味」，是他詮釋基隆美食的獨特觀點，很少地方像基隆，小吃店如此密集又多樣，像是孝三路、三沙灣，即使「乾麵」如此常見的品項，各家都有抓得住顧客味蕾的記憶點。

帶著相機在小吃店走動，加上豐富飲食經驗，他總能問到店家獨特的配方及口味內含的深意。問起最喜愛的基隆小吃，Cheng 毫不猶豫地說：「紅糟肉。」豬肉、鰻魚、魷魚等各式食材皆能使用紅糟醃製，紅糟製品可以冷吃，又可以酥炸加入羹湯。紅糟調味蘊藏基隆飲食文化受福州影響的歷史脈絡，是一樣有著精彩故事的小吃。

除了吃以外，對 Cheng 來說，小小的基隆比起其他城市的生活地域更廣闊，因為臨海，加上便捷的交通，一早起就順著心情走，一躍上鐵路，便踏上一趟小旅行。不論晴雨在基隆都很容易找到樂趣，晴天（不吃）的時候，在基隆周邊可以衝浪，或是漁港邊散步；就算是雨天，帶著書到咖啡店坐一天，都是享受。

小旅行路線：雨傘人帶你吃遍基隆

　　現在就帶你邊走邊吃，深入移民飲食聚落找尋獨特基隆味。從一道道「食足基隆」的滋味中，展示豐厚的歷史文化意義與多元族群的故事，透過簡單卻溫暖的食物，一窺基隆飲食文化的內涵。「一口基隆」探尋廟口與孝三路小吃脈絡，「說流籠頭」爬梳咖哩沙茶炒麵的人文，坐上「咖啡時光機」回到基隆咖啡的各個年代，為你還原經典的咖啡香。雨都百味將在你舌尖悠遊。

01　一口基隆

　　基隆的美味饗不完，24 小時都有大異其趣的飲食體驗，因此化作早晚餐路線，更藉由小吃帶你穿街走巷，探索未知的基隆秘境。

早午餐推薦路線：西岸旅客碼頭 → 哥倫布巷 → 孝三路 → 中山橋 → 鐵路街

　　來到西岸旅客碼頭，認識基隆港自 1930 年代便啟用的西二碼頭，曾是日本重要達官顯貴乘船至此上岸，也是戰後遣送日人的岸口，因建造時代久遠一度決議拆除，所幸 2014 年一場保存運動，[19] 至今還能見到西二西三碼頭歷史建築。從港邊繞行至孝二路後方的哥倫布巷，巷弄內有傾頹紅磚老屋、酒吧，也有基隆好吃的千層蛋糕甜點，是基隆秘境之一。

　　稍稍逛完，就開始進入基隆美食街區孝三路周邊，體驗基隆人的早餐，可以是蔥油餅配豆漿，鹹香的青蔥與烤得香酥的餅皮相得益彰；更道地的話，孝三路上堪稱乾麵一級戰區，找間麵攤點上基隆乾麵、餛飩湯；孝三路還有大腸圈，配上基隆魚漿氣味滿溢的「吉古拉」，讓這場早午餐吃得很基隆。

⑲ 方家敏（2014 年 2 月 10 日）。〈基隆港西碼頭都更 文史界抗議〉。臺灣醒報。https://anntw.com/articles/20140210-enfs

晚餐推薦路線：海洋廣場 → 慶安宮 → 仁愛市場 → 廟口夜市

　　一到基隆海洋廣場，動身前往慶安宮，廟埕前的美食亦是在地人的鍾愛，順著飄香的源頭，走進極不顯眼的角落，一盤加了辛香咖哩粉拌炒的什錦麵，就是超級道地的基隆咖哩炒麵。再往仁愛市場探索，水餃、甜不辣、生魚飯可以讓你以一口口吃進多元美味。來到廟口，走訪大廟「奠濟宮」，想像漳州人在廟埕前開始了廟口人生，品嘗基隆廟口的香腸、滷肉飯、豆簽羹；再續攤，如果想要來份甜點收尾，來口蔴糍和鳳梨酥之外，還有在地手搖廖媽媽珍奶，要在這趟行程推薦給你滿滿的基隆人青春回憶。

地圖索引

5 海洋廣場

6 慶安宮

7 仁愛市場

8 廟口夜市

地圖索引

1 西岸旅客碼頭

2 哥倫布巷

3 孝三路

4 鐵路街

調味基隆

02 說流籠頭

調味基隆

推薦路線：復旦路（咖哩沙茶一條街）→ 中華路 → 健民社區

流籠頭環港美食，不只是著名的咖哩沙茶牛肉，還有牛肉麵、米粉湯、粉圓冰；夜半的麵攤、胡椒餅，和神出鬼沒的烤肉！這兒是環繞基隆港的美味匯集點，還隱藏著族群離散且融合的歷史況味……

基隆港是移民匯聚之地，融合了閩、粵、陝西、南洋等飲食的口味。過去，流籠頭周邊以挑炭工人與碼頭工人為主要人口，於是許多基隆小吃來此，供應日夜交替的港邊工作者溫飽，形成流籠頭在地小吃特色飲食文化，展開另一美食篇章。臨港鐵路停駛後，曾經帶動此地的繁榮也隨之消去，原先的鐵道路線改為五條道路方向的交通匯集之處，這裡的飲食密碼像是基隆的許多美食，一不小心驅車過站，便錯過了經典好味道與移民故事。

復旦路展開，三德、老林、阿祿、廣東汕頭四家店，是著名咖哩沙茶牛肉一條街，透過一道咖哩炒麵，看見多元飲食交會的美妙；米粉湯和牛肉麵，從本地閩南吃到外省陝西口味；古早味粉圓冰更是基隆隱藏版美味，在珍奶當道以前，粉圓冰加入香蕉水是保存至今的臺灣早期獨門風味，延續長長久久。

地圖索引

1 復旦路（咖哩沙茶一條街）

2 中華路

3 健民社區

03　咖啡時光機

推薦路線：基隆港 → 孝一路（騎樓咖啡）→ 明德大樓周邊（簡餐咖啡）→
**　　　　仁三路老屋景緻 → 小北投（精品咖啡）**

　　自維繫著基隆脈動的港邊開始，一路到市區，以不同時代的代表性咖啡類型，展現基隆咖啡的年代史。這趟旅程很適合進行 Coffee Hopping，走進基隆咖啡空間品嘗不同的咖啡人文，重返1970 ～ 1990 年代的基隆咖啡時空。

孝一路與明德大樓———

　　孝一路與明德大樓騎樓下， 至今成為多間騎樓咖啡的新據點，在這裡喝咖啡欣賞海港格外有情調。明德大樓內部還有隱藏版的咖啡空間，像是崁仔頂魚行聯誼會彭會長向我們分享「上選咖啡」，是 1970 年代的基隆純咖啡店一路經營到現在，保證道地老基隆人的口味！

明德大樓周邊簡餐咖啡店———

　　「鳥巢咖啡」與「米雅咖啡餐飲－阿來的店」都是這一帶經典簡餐咖啡店老字號，每到用餐時間座無虛席，老主顧們像是在自己家裡吃飯般輕鬆自在，是這些老店別有的人情味。一道道的經典臺式簡餐，鐵板牛柳、砂鍋魚頭、五更腸旺，吃得出主廚的好手藝，餐後必定配上一杯虹吸黑咖啡。

小北投周邊精品咖啡———

　　在基隆想要品味精品咖啡有諸多優質選擇，像是市區的「金豆咖啡」、「茹絲咖啡」、「Eddie's Cafe et Tiramisu」……，另外推薦一處遠離市區的「夏隆咖啡」，位在在地人稱為小北投的山坡環境，雖然遠離市區，但夏隆咖啡所提供的空間與音樂，配上其咖啡香，豐富五感，所在的樓房也很有看頭，原是日本時代的長官住所，重新整理後，老房子裡仍保有許多早期的細節。

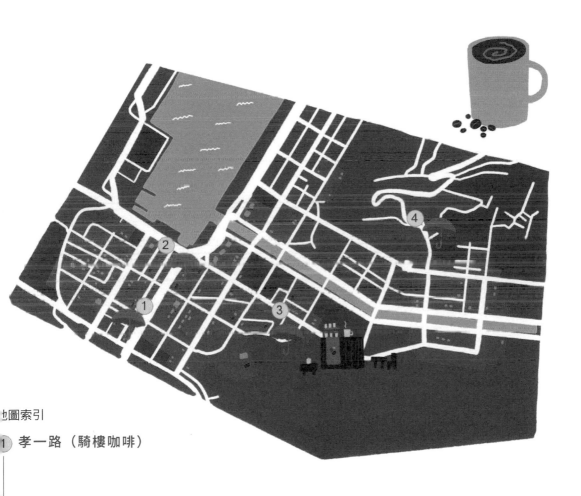

地圖索引

1 孝一路（騎樓咖啡）

2 明德大樓周邊（簡餐咖啡）

3 仁三路老屋景緻

4 小北投（精品咖啡）

調味基隆雨傘人　江懿倫

1985 年生，基隆人。自有記憶開始，對於基隆的印象總是在山間海邊。在我的成長階段，基隆一點變化都沒有，只有總是想要出走的靈魂。

2018 回鄉，讓我再次與基隆連結，是一個新生命的誕生。生命的奇妙，將我和過去這裡的很多故事牽連起來，基隆在我的記憶裡重生，「如獲新生」，或許可以是這場記憶復興的形容。

2023 年兒子 5 歲，從他口中說出要吃「大腸圈」、用台語說「崁仔頂」，看見在小小的心裡長出了他的基隆。

- 愛九路周邊 -

稻香軒
仁愛區仁一路 111 號 1 樓

愛九路大腸圈
仁愛區劉銘傳路 11 巷 2 號

- 基隆廟口 -

天一香肉羹順
基隆廟口 31 號

廣興堂青草店
仁愛區仁四路 4 號

- 三沙灣 -

麥克麵線
中正區中船路 80 號

金龍肉煉
中正區中船路 94 號

大新餅店
中正區中船路 70 號

- 孝三路 -

遠東賴家水煎包
仁愛區忠三路 91 號

三角窗麵擔
仁愛區孝三路 43 號

基隆豬肝腸
仁愛區孝三路 63 號

長腳麵食
仁愛區孝三路 99 巷 1 號

基隆孝三大腸圈
仁愛區孝三路 99 巷 3 號

老戴豆漿大王
仁愛區孝三路 49 號

奕澤鹹粥
仁愛區忠二路 53 號

廖媽媽珍珠奶茶專賣鋪
仁愛區孝三路 84 號 2 樓

天天鮮排骨飯
仁愛區孝三路 42 巷 4 號

三姐妹熱炒店
仁愛區孝四路 7 號

阿本燒賣
仁愛區忠二路 63 號

阿山哥雙胞胎
仁愛區忠三路 52 號

三德沙茶牛肉麵
中山區復旦路 7 號

- 咖啡店 -

金豆咖啡 品味迴廊
仁愛區忠三路 75 號 2 樓

鳥巢咖啡
仁愛區孝一路 66 號 2 樓

米雅咖啡餐飲 - 阿來的店
仁愛區愛一路 40 號

三奇壹號咖啡館 x 築甜製菓
仁愛區愛二路 54 巷 2 號

安樓咖啡
仁愛區仁三路 11-3 號

老窩咖啡館 忠三店
仁愛區忠三路 49-1 號

阿信咖啡館
仁愛區愛五路 3 號

夏隆咖啡
信義區義六路 38 號

Eddie's Cafe Et Tiramisu
仁愛區華四街 25 號

茹絲咖啡
仁愛區忠一路 3 巷 25 號

- 糕餅店 -

連珍糕餅店
仁愛區愛二路 42 號

- 仁愛市場 -

阿嬌炒麵
A 棟 2 樓

兩全天婦羅
愛二路 12 號（1 樓轉角樓梯旁）

溪記蚵仔粥
2 樓 C75 攤

加園壽司
2 樓 A34 攤

基隆鹹湯圓豬肝腸（大觀圓）
仁四路 31 號

順記現炸紅燒肉（1 樓後排）
仁四路 43 號

- 東南亞商店 -

MEGA 商店
信義區信二路 211 號

CHAPTER 4

調味基隆

稜線基隆 ——

戰略要塞山巒跌宕，
踏訪基隆尋幽懷古的山城歲月。

1. 海洋性格濃厚的基隆，其實也是一座名副其實的山城

拾階而上安居日

基隆不僅是一座海港、也是山城，擁有 93.7% 的丘陵，平地面積少得令人難以置信，因其得天獨厚的地形優勢，群山包圍著港灣，易守難攻，也使它自數百年前就成為兵家必爭之地，幾乎每一座山頭都建設砲臺，為名副其實的「戰爭之城」。1626 年西班牙人佔領基隆，在和平島建造了「聖薩爾瓦多城」；1642 年以和平島為舞臺發生「雞籠之戰」，荷蘭人將西班牙人擊退、聖薩爾瓦多城更名「北荷蘭城」。

接著迎來鄭成功勢力，荷蘭人於 1668 年從雞籠撤離；1683 年後，清朝由於已知基隆門戶地位的重要性，即陸續增建砲臺。而後，基隆除了面對海寇侵襲，也經歷鴉片戰爭、清法戰爭、乙未戰爭，進入日本時代，更將砲臺修築得越發完善。此外，位於基隆高低起伏的稜線之下，防空洞是全臺灣密度最高、數量最多，如今雖已不再使用，卻有戰爭歷史保存的含義，也是重要的軍事地景。

稜線基隆

　　除了軍事防衛，基隆的山也曾蘊藏豐厚的煤礦資源，煤礦業興盛時期，基隆河沿岸掀起淘金熱潮，礦業的快速發展，造就了如林開郡、顏雲年、李建興等礦業鉅子，鼎盛一時；然而，說起最具代表性的「山城」，非「罾仔寮聚落」莫屬，其位於基隆港西岸虎仔山下，緊鄰港口與市中心，見證基隆港黃金歲月，如今成為地方創生的重要據點。

　　從外海往基隆望，還可看見一項特殊景緻—燈塔，扮演著指引船隻進出港口的角色，如基隆燈塔、球子山燈塔，也成了基隆港周邊的必訪之地。基隆擁有迷人的地景，而除了海平面的波瀾，稜線景觀更是充滿魅力，山城聚落、山巷階梯，還有不同年代建成的砲臺、在海的兩端遙遙相望的燈塔，將基隆有稜有角的剛毅性情，一筆一畫表露無遺。

嘯傲杉林清法古戰場－紅淡山

　　基隆小百岳 AKA 基隆之肺－紅淡山，是相當知名的登山標的，位處基隆市區（仁愛區與信義區交界）、基隆各山脈的中心，其東有月眉山、深澳山，西邊則是大武崙山和五指山，南邊有姜子寮山。[1] 舊名為「雙龍山」的紅淡山，因為日本時代開始於山上遍植「紅淡比樹」（「森氏紅淡比」屬常綠喬木）而得名，[2] 紅淡比屬的植物，在日本常用於與神明相關的儀式、法事中，在神社也相當常見。[3]

2. 紅淡山上生態景觀豐富，登高遠眺稜線一覽無遺

　　紅淡山為仁愛區最高峰，登頂可鳥瞰基隆市區和基隆港全貌，天氣好時亦可見基隆嶼，春天時蝴蝶飛舞，仿若人間仙境。[4] 然而，清法戰爭時期，這裡曾是兩軍對峙的地點，越南戰役和談破局後法國將戰線延伸至臺灣，欲向中國索償軍費，而基隆和淡水的港口地形優勢就成了法軍的目標，基隆的煤礦資源亦是法軍覬覦的重點，[5] 紅淡山防線居高臨下、呈一條弧線，[6] 無法攻破紅淡山的法軍轉往月眉山進攻。

3. 紅淡山是基隆小百岳之一，鮮少開發、沿途景觀優美，可鳥瞰基隆港區風貌

在這場基隆戰役中，「福爾摩沙」的美名彷彿被移除濾鏡，潮濕的氣候、惡劣的海象、霍亂肆虐……，變相成了防守的助力，在法軍的日記中一覽無遺，「籠罩在地上的厚雲，凝結成霧一般的細雨，但卻如此透入，因而濡濕得異常普遍……。」[7] 烽火消逝後，墓碑、戰壕、營區湮沒在荒煙蔓草間，若想探尋，百年古寺寶明寺入口處有一座古城門，歷史雖不可考，但據地方文史人士的調查，這座古城門可能就是當時清軍的營區。[8]

迎來日本時代，源於東瀛的朝聖文化，日人曾於紅淡山上建立「西國三十三所觀音靈場」，將觀音信仰及巡禮文化複製到此地。由於古代巡禮需耗費大量時間與精力，全程走完並非容易的事，因此將聖地的移植透過複製、模仿的方式，跨越地域隔閡，發展出「地方靈場」，可見日本時代在臺日人曾將紅淡山視為凝聚觀音信仰之處。[9]

雨傘人 TIPS

紅淡山登山口有 5 處，分別是銘傳國中、南榮新村、南榮公墓、南天宮及寶明寺，[10] 由於海拔只有 208 公尺，水泥步道也鋪設完整，對喜愛戶外運動、登山健行的人來說相當友善。想要踏查紅淡山，有兩條不同風格的路線可以參考，想欣賞基隆全景，可以從銘傳國中旁的步道上山，原路來回全長約 3.5 公里、耗時 1 小時，但較多階梯，櫻花季時是賞櫻的好選擇；如果想要來點更有挑戰性的路線，那麼不妨繼續往寶明寺前進，還有機會可以偶遇罕見的臺灣灑灰蝶，續前往佛光洞才是挑戰的開始，因為有一長條陡峭的石階正在等著迎接你！

這條路線至少需要花費 3 小時左右的時間，想挑戰的人可要衡量體力與時間。紅淡山雖可謂老少咸宜，但出發前別忘記先填飽肚子，劉銘傳路周邊有豆干包、大麵炒，還有信一路上的洪記粿仔湯，都是登山前墊胃的好選擇。

4. 步道相對平穩好走，也有不少供休憩的地方，是紅淡山備受登山客喜愛的原因

稜線基隆

〈紅淡山步道〉。健行筆記。https://hiking.biji.co/index.php?q=trail&act=detail&id=477。
〈紅淡山步道〉。基隆旅遊網。https://tour.klcg.gov.tw/zh-hant/attractions/5333057/。
〈森式紅淡比〉。臺灣景觀植物介紹。http://tlpg.hsiliu.org.tw/plant/view/55。
紅淡山的蝴蝶資源在「台灣蝴蝶保育學會」及「基隆市野鳥學會」的調查下特別受到突顯，紅淡山上的鐘萼木、無患子及大香葉樹都是蝴蝶幼蟲的食物，包括臺灣灑灰蝶、飛龍白粉蝶、黃星斑鳳蝶等。根據基隆生物多樣性資料庫指出，臺灣灑灰蝶、黃星斑鳳蝶繁殖季都在春天，鐘萼木也在4月開花，因此春天的紅淡山對於喜愛賞蝶的人來說，仿若人間仙境。
林君成（2014年12月）。〈清法戰爭滬尾之役中的爭議與幾個觀察〉。載於林寬裕（總編輯），《清法戰爭滬尾戰役130周年研討會成果集》，頁115-127。新北市立淡水古蹟博物館。
Eugène Germain Garnot（1960）。《法軍侵臺始末》（黎烈文譯）。臺灣銀行經濟研究室（原著出版年：1894）。
徐祥弼（2021年4月21日）。〈「我本來以為這只是個無關痛癢的戰爭」1884年，法國小兵眼中的臺灣與清法戰爭〉。故事Story Studio。https://storystudio.tw/article/gushi/sino-french-war-in-the-eye-of-soldier。
〈紅淡山步道〉。基隆旅遊網。https://tour.klcg.gov.tw/zh-hant/attractions/5333057/。
林承緯（2012）。《宗教造型與民俗傳承－日治時期在臺日人的庶民信仰世界》。藝術家出版社，頁14-47。
〈紅淡山步道〉。健行筆記。https://hiking.biji.co/index.php?q=trail&act=detail&id=477。

靜謐雙城溪林遊─七堵暖暖山區

基隆以歷史發展可分為「基隆港水系」與「基隆河水系」,「基隆港水系」就是基隆市區、鄰近基隆港周邊區域,也就是基隆人俗稱的「街仔」(市區)一帶,而「基隆河水系」則為七堵區、暖暖區等基隆河流域一帶區域,七堵區的地理位置位於基隆市西南方,東邊與暖暖區相鄰,西南方則和新北市汐止區為鄰。[11]

七堵多為丘陵及河谷地形,屬內陸地區,較少受到東北季風影響,加上區域內山多,氣候相對宜人,知名景點如「泰安瀑布」、「瑪陵坑溪」、「友蚋溪」皆因風景秀麗聞名。泰安瀑布屬自然水源保護林區,[12] 林蔭步道分為 2 條,綠樹遮蔭、瀑布水流沖瀉而下,空氣中充滿水霧,帶給人體沁涼的感受,是基隆人夏日必訪之地。

同樣位於基隆河水系的暖暖,對基隆人而言,更是一個清新的存在,由於日本時代初期,臺灣衛生環境不佳、傳染病肆虐,於 1896 年進行「基隆衛生工程調查與設計」,將基隆水道的水源設置於暖暖街西側的西勢溪上游地帶,並於暖暖設置水壩儲水及淨水場。[13] 也因此,該地環境天然、水質清澈,每年 4、5 月間,在暖暖水源地可看見數量眾多的螢火蟲,夜晚的暖暖,沒有光害,抬頭看見繁星點點,伴著美麗星空入眠,尤其適合春季前往。

基隆河流域自 1349 年開始就有產金的傳說,[14]《臺灣通史》中提及 1889 年「架八堵車站之橋,工人入水造礎,偶見沙中有金,取出淘之。」[15] 而八堵附近其實並沒有金礦礦脈,因此砂金是由瑞芳、金瓜石等沖刷而下沉積,自上游

5. 瑪陵坑溪的溪水清澈,還有石頭可供休憩,是許多基隆人童年時期的回憶之一

6. 暖東峽谷水質清澈、綠意叢生,是親近大自然的好地方

大粗坑起到汐止，砂金層分布在基隆河河床及水面上，高約 13～24 公尺的河階堆積層中。1890 年，大批淘金客前來基隆河流域淘金，[16] 砂金淘取範圍漸漸擴大，1891 年清朝政府曾頒布禁採砂金布告卻無效，後於 1892 年 11 月設置機構規範區域與淘金費，並設金砂總局於基隆廳轄瑞芳，暖暖、六堵、七堵、四腳亭、頂雙溪等地各設分局。[17]

七堵、暖暖區不僅曾是淘金熱區，亦是煤礦產地，礦業發達時期，有多處因應礦業而生的聚落，從地名可知，例如：東勢坑、瑪陵坑，在礦業沒落後，礦坑紛紛封起，無論「黑金」或「黃金」熱潮，皆只待追憶。

七堵瑪陵坑周邊仍遺留礦坑設施痕跡

國家圖書館（2012年12月26日）。〈地方概況－七堵區〉。國家圖書館臺灣概覽。https://twinfo.ncl.edu.tw/tiqry/hypage.cgi?HYPAGE=search/search_res.hpg&dtd_id=4&g=0&sysid=00000059#。
〈泰安瀑布〉。基隆旅遊網。https://tour.klcg.gov.tw/zh-hant/attractions/15531006/。
暖暖區公所（2020年7月29日）。〈暖暖簡介〉。暖暖區公所。https://www.klnn.klcg.gov.tw/tw/klnn/844.html。
黃清連（1995）。《黑金與黃金：基隆河上中游地區礦業的發展與聚落的變遷》。臺北縣立文化中心，頁97-160。
連橫（2005）。《臺灣通史》。廣西人民出版社。
James W. Davidson（2014）。《福爾摩沙島的過去與現在》（陳政三譯）。國立臺灣歷史博物館（原著出版年：1903）。
黃清連（1995）。《黑金與黃金：基隆河上中游地區礦業的發展與聚落的變遷》。臺北縣立文化中心，頁97-160。
〈行程摺頁〉。基隆旅遊網。https://tour.klcg.gov.tw/zh-hant/touring/brochures/。

雨傘人 TIPS

一遊七堵暖暖雙城，建議安排一趟鐵道輕旅行，先搭火車抵達暖暖，沿著暖暖街步行至安德宮旁的無名麵攤，是在地人如精神指標一般的古早味麵攤，看似樸實無華，卻有著迷人的老味道，且價格親民，算是口袋名單中的口袋名單。飽餐一頓後前往暖江橋，一窺橋下的壺穴景觀，壺穴為挾帶著泥沙的河水流經河床、歷經千百年的侵蝕所產生，暖江壺穴擁有全臺最大壺穴群，超過 2,000 個壺穴，見證大自然的鬼斧神工；續搭火車前往七堵，鐵道公園就位於車站周邊，而後前往距市區約 10 分鐘車程的泰安瀑布，享受芬多精洗禮，是一趟迷人的基隆河鐵道之旅。[18]

暖暖及七堵的觀光潛力亦為基隆市政府所重視，由於百年歷史的淡蘭古道，中路和北路起點就位於暖暖的暖東峽谷，市政府整合規劃 6 條旅遊路線、並推出電子旅遊手冊，暖東峽谷內有幾條不同等級的步道，健行愛好者可以依自己的體力選擇適合的路線；鄰近尚有著寮坑礦業生態園區步道，在百多年前是樟腦採煉的地方，隨著時間推進，經歷過茶葉、大菁、煤礦，且園區內尚留有礦業遺跡，對黑金歷史有興趣的人，能藉此認識暖暖地區的產業發展脈絡。

8. 周邊步道規劃完善，走起來不會太費力

大航海時代的古堡壘－白米甕砲臺

03

　　基隆的砲臺設施，在除役之後已然成為基隆人的遊樂場，是等同於「公園」一般的存在。要抵達砲臺，多半需要走山路，小小年紀的我每每心想：「奇怪，為什麼要一直往上爬、一直往上爬、一直往上爬，這種景點那麼累為什麼大家還要來？」後來才知道，砲臺豈止是景點！這些環繞著港口的周圍山上，一座又一座的砲臺，曾經守護基隆，也在百年之後，成為屹立山頭的精神指標。

　　認識基隆的戰爭歷史之後，每每到砲臺都帶著敬畏之心，而且，無論你到過白米甕砲臺幾次，絕對都會對眼前的無敵海景感到驚豔。位在基隆港西岸的白米甕砲臺，原名為「白米甕堡壘」，最早出現時間已不可考，但約可回溯至 17 世紀西荷時代，不過現今看到的樣貌，為日本時代因應日俄戰爭整備需求，依照砲臺基礎建設修築。

9. 白米甕砲臺，位處基隆港左翼最前端

　　砲臺 1900 年開始動工，約於 1904 年整建完成，距今超過百年的白米甕砲臺，是日本時代「基隆要塞」中建構的 10 大砲臺中其中一座，屬海防型砲臺，同時也是基隆要塞中最早完成配砲的堡壘砲臺，可見其要塞地位的重要性。[19] 其中，白米甕砲臺最鮮明的特色在於指揮所、4 個砲座、觀測臺由左至右一字排開，屬於「四門編成」砲臺，這也是臺灣的古砲臺中僅有的配置法。

白米甕砲臺有直徑長達 15 米的 4 座圓形砲座，先進的 203.5 毫米的阿姆斯壯大砲就在其中，大砲射程約為 8.8 公里，而在砲座下層是拱型彈藥庫，再往下走，還有坡道讓彈藥能夠輕鬆補給到大砲處，最後加上觀測站、軍營、倉庫和廁所，就完備了軍隊所需。[20]

位於基隆港左翼最前端的白米甕砲臺，視野遼闊，基隆港外全景一覽無遺，基隆嶼就在砲臺東北側不遠處，來過就能感受到，這裡真的是監控基隆港口海域最佳的軍事戰略位置，負責基隆港外港海域防禦，防止企圖接近港口的敵艦靠近，砲座一字排開的設置，可發揮最大的攻擊砲火威力。

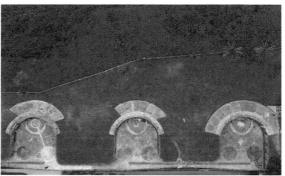

10. 從空中俯瞰砲座

11. 側面有多個儲彈所

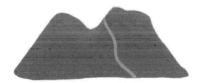

雨傘人 TIPS

白米甕砲臺串接基隆燈塔及球子山燈塔等步道路線，成為基隆港西岸具代表性的觀光步道，因此，白米甕砲臺的修復，也被譽為「基隆西岸文化觀光路線最後一哩路」。[21] 要上白米甕砲臺，建議於基隆市公車總站或循環站搭乘 301、302 路線至太白莊站，續走光華路，步行 5 分鐘先到基隆燈塔，一睹西岸港埠機具運作情景，再往白米甕砲臺處上山，步行約 10 分鐘即可抵白米甕砲臺。來到白米甕，特別推薦一定要走上右側涼亭上方的「白米甕尖」，「一望無際」的無敵海景說的就是這裡！

12. 來到白米甕，建議往涼亭旁階梯續上行，抵達白米甕尖

〈白米甕砲臺〉。國家文化資產網。https://nchdb.boch.gov.tw/assets/overview/monument/19850819000026。
Van著、Kuan Hsuan譯。〈【雨傘人帶路】戰爭之城：你不知道的砲臺揭秘 七大基隆炮臺全攻略！〉。雨都漫步Keelung For A Walk。https://keelung-for-a-walk.com/zh/看看/10117/。
游明煌（2021年10月17日）。〈白米甕砲臺修復完成 基隆西岸文化觀光路線最後一哩路〉。聯合新聞網。https://udn.com/news/story/7328/5823610。

歷代戰事最後一道防線—獅球嶺砲臺

04

　　獅球嶺，位於基隆港南方的山丘上，為基隆港水系和基隆河水系分水嶺，正好就在高速公路正上方，連貫基隆山、虎仔山而成凹形，地勢居高臨下、易守難攻，可以俯瞰整個基隆市區，是進出臺北的交通孔道，清代還有鐵路連接基隆、臺北兩地，是基隆內陸的最後一道防線，只要被攻破，北臺灣就幾乎等同於淪陷，因此屬關鍵破口。清法戰爭時，獅球嶺上就設有清軍的據點，法軍爲了佔領獅球嶺，遂與清軍形成拉鋸戰。[22]

　　為加強鞏固海防，清代於基隆設立了許多砲臺，而獅球嶺砲臺便是基隆市現存古砲臺中，唯一地處於市中心，這座砲臺的建材結構以山岩為主，經過歲月流逝，現僅存扇形砲座及石造指揮所，對於想瞭解臺灣近代軍事史的人來說，獅球嶺砲臺十分重要，現今已被列為第三級古蹟。

13. 獅球嶺砲臺位於高速公路正上方

　　從市區看過來，山勢就像是一隻獅子，中間有個圓形的小山丘，看似獅子戲球，以形命名，便稱獅球嶺，從高速公路旁的入口走上獅球嶺，腳程不用快、但要有力一點，獅球嶺的高度不算友善，但是登上觀景臺之後，往下一望，可以看見中山高速公路彷彿直衝基隆港，整個市區與海港盡收眼底，絕妙景色馬上撫平剛剛炸腿的痛苦。

14. 特殊的扇形砲座

15. 獅球嶺砲臺被列為三級古蹟

雨傘人 TIPS

　　基隆市中心建築物密集，一戶一戶人家燈火通明，站在獅球嶺觀景臺上，映入眼簾的夜景相當迷人，點點燈火彷彿星光的倒影。身為少數位在市中心的砲臺，要上來看夜景之前，可到「成功市場」周邊享用海鮮熱炒，或先到廟口買點宵夜，邊看著絕美夜景、吃著在地小吃，這時才真正感受到基隆的美，是日夜不眠。無論騎車或開車上山，都可以在「平安宮」旁停車場停放車輛，接著沿「獅球公園」路標步行約 5 分鐘即可抵達，晚上視野較差，騎車開車注意需放慢速度。[23]

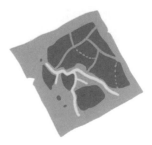

② 〈獅球嶺砲臺〉。國家文化資產網。https://nchdb.boch.gov.tw/assets/overview/monument/19850819000025。
③ 鍾奇峻（2022年5月15日）。〈這樣拍最美！基隆人私房夜景「獅球嶺砲臺步道」騎車攻頂超方便〉。ETtoday旅遊雲。https://travel.ettoday.net/article/2251027.htm。

山巷裡的二戰避難所－西岸防空洞群

　　由於基隆港為重要軍事港口，二戰期間美軍砲火鎖定重要軍事設施範圍及日人居住的重點區域，即現今西岸牛稠港、西岸碼頭、東岸碼頭、東岸區域及和平島周邊漁港及造船區。首次受美軍轟炸為 1944 年，歷史著名的「基隆大空襲」則是 1945 年 6 月 16 日～ 6 月 19 日，共計 4 天，以基隆港為中心，針對港口與附屬設施進行連續且大規模的轟炸。而目前基隆市的防空洞，多為二戰末期，因應防空避難需求所開鑿。[24]

　　「火再往前照一點！」「前面會不會有鬼？」「搞不好有寶藏喔……」
　　「哇啊！！！！！鬼來啦！」
　　「啊啊啊啊啊！」「哈哈哈很煩耶，每次都這樣！」

　　當戰事不再侵襲，因戰爭而生的防空洞，就漸漸融入了基隆人的生活，成為一個獨特的「休閒場域」，如同我的父親曾說，自己小時候都會跟三五好友一起拿著浸油的布做成火把，跑進防空洞裡「探險」，這種興奮刺激的感覺，伴隨著身旁漆黑的防空洞，感官更是放大再放大，一有個風吹草動，大家就會掉頭往外衝，父親臉上，也還留有當年被火把燙傷的疤痕，可以看出當時孩子們玩樂的「盛況」。

　　防空洞對現今的基隆而言，是大量的閒置公共空間，在基隆 93.7% 都是山地的特殊地理條件下，不同於臺灣其他城市，一般的防空洞多採半地下防空設施或另建掩體，基隆的防空洞，卻是沿著山壁挖築，建成用以避難的山洞，這樣的方式較不易因戰爭而毀壞，或因時代變遷而改建、消失（頂多就是洞口被封起來或是被民宅擋住，又或者是成為附近居民的「天然儲藏室」）。臺大城鄉所研究生們成立了「化被洞為主洞」，走訪基隆各地防空洞，在臉書上分享「探洞」經歷，引起不少在地人共鳴，他們在防空洞內舉辦闖關活動、展覽、電影欣賞和快閃酒吧活動，打開防空洞，也開啟我們對防空洞的想像。[25]

　　基隆的防空洞形式分為有門、無門；僅開鑿山壁、磚造或水泥；防空洞內通道的形式也分為單洞、連洞等差異，如果想要一睹基隆特殊的防空洞地景，從基隆港西岸 16 號碼頭的貴美雜貨店旁，寫著「聖安宮大甲媽祖／中山區和平社區」的牌坊處上山，腳力好可以沿山步行，如果腳力不好也沒關係，騎著機車一路往上，可以看見沿途山壁旁的防空洞，這裡是全基隆最大的防空洞群，也能看見前面所說的各種不同型態的防空洞，由於是為了躲避戰事而建造，防空洞內多半可以應付日常生活，有些甚至還有簡單的醫療設備。

24　〈防空洞群落〉。大基隆歷史場景再現。https://greatkeelung.klcg.gov.tw/tw/Dtl/A/H202007280026/W024。
25　陳姿伶（2021年4月15日）。〈打開封存的常民記憶 基隆防空洞照進未來〉。CNA中央通訊社。https://www.cna.com.tw/topic/newsworld/149/202104150004.aspx。

6. 基隆山多，防空洞依山而建，在基隆港西岸可以看到壯觀的防空洞群

7.18. 防空洞形式各異，現在防空洞多半因為荒廢而封起不開放

雨傘人 TIPS

　　防空洞的應用，在這座城市中其實早有先例，基隆曾有一間知名的牛肉麵店，位於西岸碼頭防空洞內，店名為「卞家牛肉麵」、在地人稱「山洞牛肉麵」，坐在裡頭吃麵總能感受到山壁上的水氣，是很獨特的經驗，而後防空洞封起，店面也已遷址；中正區正濱路上，也有一間餐廳「河豚很多」將防空洞的特殊景緻發揮得淋漓盡致，門口平凡無奇，走進去才發現別有洞天，店家保留防空洞的原始山壁，想體驗在防空洞內用餐的感覺，這裡還有機會。

遊走絕色環景港灣－球子山燈塔

　　小時候經常與家人站在堤防上看海，想著這些船隻都仰賴燈塔進出，在夜裡難免有點孤寂，但想到燈塔就如同替晚歸的人點上的燈，又感到一陣溫暖湧現。球子山位於基隆港西岸碼頭，古名「火號山」，因為山形像球而有此名，而後，因為地理位置險要，成為了軍方駐地，位於山頂的球子山燈塔是首座由臺灣自行設計、施工的燈塔。

　　塔身原為白色四方形混凝土，當初興建是為了要與位在西岸港口的基隆燈塔排成直線，用以引導船隻安全入港。早年基隆港內有新瀨險礁，船隻需仰賴燈塔才能避開這些礁石，1991 年後，因基隆港附近的新瀨險礁已爆破清除，使得球子山燈塔的功能被附近燈塔及燈杆取代，便不再發光。[26]

19. 沿著球子山燈塔步道繼續往上可到球子山（火號山）頂，景色迷人

熄燈後球子山燈塔配合附近的軍營漆成迷彩綠，直到 2018 年基隆市政府開始修建通往燈塔的便道後，航港局才又將球子山燈塔漆回白色。而在近年修整過燈塔後方的步道後，現在更可以直接從球子山燈塔一路走到白米甕砲臺、基隆燈塔，在基隆，要來個「一日雙塔」也很可以！自高遠新村登上球子山，沿途可以看見基隆的軍港跟商港各處一側，不只能享受登高望遠的魅力，還有基隆獨一無二的港灣景緻。

20. 球子山燈塔的興建，是為了要與位在西岸港口的基隆燈塔排成直線，用以引導船隻安全入港（圖為基隆燈塔）

雨傘人 TIPS

跟球子山燈塔告別後，推薦繼續往上走到球子山頂（步行 2 分鐘內），視野更加遼闊，球子山海拔 133 公尺，步道經過修築，階梯寬敞好走，基隆嶼、正濱漁港、和平島、白米甕砲臺、外木山……，一覽無遺，如果你沒有感受過基隆這座海港城市的震撼，強力推薦這條步行路線，雖然有點累，但是西岸景緻美不勝收，走完這一趟，就算「鐵腿」也值得！

如果你的腿沒那麼有力，也很推薦騎乘機車前往，可將機車停在聖安宮前停車格，步行不到 400 公尺就能抵達燈塔入口處，入口處為一處廢棄軍營，沿著指標就可順利抵達球子山燈塔。

⑤ 〈球子山燈塔〉。交通部航港局。https://lighthouse.motcmpb.gov.tw/lighthouse_3_10.html。

山海交界時光階梯─罾仔寮

21. 罾仔寮，基隆山城性格的代表，由於鄰近基隆港，居民多為早年的碼頭工人及其後代

基隆山海性格的代表性聚落─罾仔寮（tsan-á liâu）鄰近基隆港西岸碼頭、位於 KEELUNG 地標下方，早先為漁民聚落，由於早期漁民以罾仔網捕魚，因此便以產業特色命名、稱「罾仔寮」。[27] 到了 1960、1970 年代左右，臺灣各地來基隆討生活賺錢的碼頭工人，有的攜家帶眷、有的孤身一人，就在山裡搭建屋子落腳，帶著「來賺錢」的心情，房子總不會想花太多時間心力建造，漸漸在這樣侷促的屋裡，落地生根、開枝散葉。碼頭榮景不再，人口逐漸外流，下一代陸續離開這處老聚落，剩下老人們在此生活，高齡化的現象越發嚴重。位於罾仔寮的太平國小，由於少子化的關係，於 2017 年停招廢校，建築空間經過整修後，2021 年「青鳥書店」進駐，利用原本的校舍建築開設「太平青鳥」書店。在實體書店式微的趨勢之下，基隆書店所剩無幾，「太平青鳥」為基隆帶進更多藝文氣息，也因著俯瞰港區的視野，打開西岸山城、迎來不少遊客，重新建立起跟基隆內港的連結。

基隆地屬丘陵，蜿蜒路窄、平地甚少，聚落依山而建，在這裡生活，每天走上好幾回山巷距階梯可說是家常便飯，在這樣的環境下「培養」出來的基隆人，多半有著數一數二的腿力（跟強健的小腿肌）。罾仔寮聚落屬垂直型的聚落，從中山一路 113 巷上山，沿途有不少指標可指引路線，沿途會經過芭樂宮、山海小博物館，拾階而上，每走一段路就得大口深呼吸，吸進一口又一口山巷內微潮濕卻又被太陽烘乾的青草氣味，每拐一個彎都成了不可預知的驚喜。[28]

為了連接罾仔寮聚落，基隆有一座跨越鐵路的陸橋「中山陸橋」（舊名為高砂橋），一道交錯的陸橋將山城聚落與市區連接起來，承載著無數基隆人 40 多年來的記憶，許多人的童年就在這橋上看著火車鳴笛與離站，這樣的景象，在鐵路地下化之後已不復見。中山陸橋建於 1976 年，曾於 2001 年出現在名導演侯孝賢電影《千禧曼波》中，舒淇在長廊上行走、回眸的畫面堪稱經典，復古氛圍紛紛吸引影迷、攝影迷前來朝聖，陸陸續續也有影視作品前來取景，不過因為年久失修，曾經拆過又經過修補，[29] 中山陸橋的拆除傳聞始終未歇，或許是因為它承載了時代記憶，幸運地至今仍舊還存在著。

雨傘人 TIPS

近年基隆火車站站體位置遷移至中山一路區域，也將過去被阻擋的西岸山城聚落「罾仔寮」，以及一路綿延的西岸碼頭景緻通通打開，視野與能見度皆有大幅提升。元智大學藝術與設計學系「山海工作營」，每年都會以罾仔寮太平社區和太平國小為基地，重新連結罾仔寮與內港範圍，從空間再生、社區藝術共創等活動，建立山城與海港的連結，在寒暑假期間，透過講座、市集和工作營等活動，讓山巷變得有些不一樣，多了一點藝文氣息、多了一點活力、多了一點創意，廢棄空地盛滿藝術巧思，老柑仔店也換上新裝，讓這處曾經繁榮的老舊聚落，再次展現新生命。

22. 屬垂直型聚落的罾仔寮，要一路步行上山，需要一點體力

23. 聚落內建築具有時代感，有種穿越時空的錯覺

廖忠俊（2007年9月）。〈從地名分類看台灣傳統地名〉。《臺灣文獻》，58卷3期，頁215-216。
鄭栗兒（2020年10月）。〈我家在罾仔寮山〉。《魅力基隆》，31期，頁42-44。
盧賢秀、俞肇福、吳昇儒、曾鴻儒（2013年6月9日）。〈基隆車站陸橋斷了〉。自由時報。https://news.ltn.com.tw/news/focus/paper/686681。

綠意滿布的童年遊樂場—中正公園

24. 觀音像為中正公園最顯著的地標，搭乘客運進到基隆市區時，遠遠地就可以看見

　　基隆人用一整座山當「公園」，會不會太奢侈？這座「中正公園」，是每一位基隆人不可磨滅的記憶，位於基隆港東岸，由於佔地廣闊，從市區要上山，可謂是「條條大路通中正公園」。公園分為三層，第一層有涼亭、棋藝中心及運動休閒設施等，每到假日就會吸引大批人潮；第二層則為雞籠中元祭核心場域「主普壇」的所在地；第三層為公園的最高點，矗立著一座白色的觀音大佛像，22.5 公尺高的觀音像，是基隆市東岸一帶最具代表性的地標，觀音像的兩側有 2 頭金獅坐鎮，佛像周圍也立了 18 座羅漢雕像，每尊表情、動作各異。

　　早年觀音像前廣場每到週末假日就會聚集滿滿的攤販，有碰碰車、套圈圈、撈金魚等，還有賣棉花糖、叭噗、烤香腸……，攤販前總會擠滿興奮的小朋友，還有想把孩子帶回家卻總要叫上好幾回的大人們，基隆人大多都曾於童年時期在中正公園留下許多回憶和照片。

　　那麼這座「公園」是怎麼來的呢？中正公園的前身有一部分為基隆顏家「陋園」的範圍，顏家是自清代以礦業起家的大家族，由顏雲年經營的「臺陽礦業株式會社」被稱為「臺陽王國」，在臺灣礦業史上佔有重要的一頁，不僅佔據北臺灣大部分煤礦產能，更興建平溪鐵道，改變煤礦運輸方式，[30] 臺陽王國旗下擁有礦業、交通、木材、金融、水產、造船、倉儲、化工、拓殖、食品、保險……跨領域事業，關係企業達 50 餘家，在日本時代是少數能和日本企業抗衡的臺灣企業，具有「喊水會結凍」的地方影響力，說是「富可敵國」也不為過。

顏雲年不僅是商人、更是文人，飽讀詩書、喜愛吟詩作對，顏家宅邸「陋園」位於基隆東岸靠近市中心，約今信二路至義六路口，佔地 6 萬多坪，揉合和洋風格的建築，樓閣亭臺、水榭庭園皆有，這等級數的「陋園」令人莞爾，可看出文人雅士的幽默。戰後，陋園則在臺灣都市發展現代化期間，成為都市公園建造的部分「貢獻」，中正公園約於 1950 年闢建，這座「擁有一整座山」的公園，承載了無數基隆人的共同記憶，五光十色的休閒娛樂越來越多之後，這裡變得有些寂寞，但也即將透過「希望之丘」計畫，興建「基隆塔」，往後可以直接搭乘電梯上山，讓這座「公園」，展現全新的樣貌。

雨傘人 TIPS

開啟中正公園探索之旅的第一步，不妨先到對面的「周家蔥油餅」一嘗在地早餐。如果你望著長長的階梯而卻步，推薦先從信二路牌樓處左手邊的斜坡出發，緩和的路線慢慢習慣上坡，走上第一個平臺會看見胡適手植的菠蘿蜜樹，續往上走則會看見日本時代曾為「基隆神社」的忠烈祠，沿著壽山路，路側有規劃完善的石階與木棧道可行走。

中正公園為低海拔山坡地，濕氣重的氣候適合蕨類生長，超過 20 種蕨類植物，俯拾皆是，鐵線蕨、腎蕨、鳳尾蕨、鱗蓋蕨等；此外，還有一處秘境「天鵝洞」（以前曾是知名景點，由於缺乏整理漸漸成為「隱藏版」的存在），天鵝洞周邊有許多雅致的亭臺樓閣，每一座涼亭石柱都提筆寫上詩句，更留下于右任等詩壇大佬的墨寶，亦被譽為「全臺第一座文學步道」，[31] 櫻花盛開時節，天鵝洞賞櫻也別有一番風味。

25. 中正公園是比較初級版的登高望遠景點，高度不算高但植物類型豐富，坡道及階梯都相對平緩，慢慢走上山相當愜意

顏義芳（2011年12月）。〈基隆顏家與臺灣礦業開發〉。《臺灣文獻》，62卷4期，頁105-130。
〈文學步道—天鵝洞〉。基隆舊夢 綠都心 中正公園。http://library.taiwanschoolnet.org/cyberfair2011/klpark100/page_5.htm。

稜線基隆

山海工作營

走進地方共創「太平」－柯濟昇

「基隆的空間比較緊縮，相對於鄰近的臺北來講，交通網絡沒有那麼方便，但是在這裡雙腳萬能，可以活得更像個人。」這是來自高雄的老柯對基隆的註解。

探索山城生活美學───

「10多年前來過這裡，覺得這座城市像是被按下停止鍵。」柯濟昇（老柯）是「山海工作營」的總召，山海工作營由元智大學藝術與設計學系的師生發起，以基隆港西岸罾仔寮山上的太平國小、太平社區為基地，進行多場以「空間再生」、「社區藝術共創」、「山海小市集」為主軸的工作營活動。

剛來到罾仔寮沒多久，就碰上了太平國小廢校議題，但這裡對於基隆人來說，是熟悉又陌生的存在，於是他們想著「該如何重新建立太平國小跟內港的連結？」在走了好幾回之後，找到了「113巷」，接著就是找出特色、打開閒置空間。這幾年來，山海工作營已在基隆建立起許多指標性的地方活動，也將更多人帶進罾仔寮社區，讓這座西岸的山城漸漸擺脫被時代遺忘的困境。

凝聚山海性格翻轉地方───

「由於罾仔寮屬垂直聚落，每個平面、坡面生態各自獨立，這裡的植物各有特色，在地居民蘭姐也會在自家旁的牆邊彩繪，蘭姐就像是社區

領航員，也是『巷仔內的藝術家』，不過，近期更像是網紅（笑）。」一點一滴改造景觀、打造山海小博物館，也舉辦市集，老柯與夥伴們攜手在地居民，讓113巷再次成為連結太平山城和內港的重要路徑。

在老柯眼裡，基隆屬非城非鄉的城市，平地面積少，房子依山而建是這裡的特色，「越往山上、房子越低，人與人之間的距離感也會拉近，越往山上走氛圍越接近農村，是很濃縮的地域。」不過基隆山城的性格，卻與住在山村習慣定居的生活不一樣，「可能是因為移民性格，這裡的人個性有點海派、也愛冒險。」

罾仔寮，是基隆城市的代表性聚落，但也跟這座海港城市一樣，面臨了產業沒落與轉型的挑戰。無論時光如何流逝，基隆的山海氣味不曾消逝，在政府與民間多方協力合作之下，以罾仔寮為這個時代的基隆，寫下新的註解。

老鷹達人

追鳥人的山林情緣－沈錦豐

不僅拍攝老鷹的資歷深，許多作品更是愛鳥人心中的經典，「賞鳥」更是引領他進入大自然的一扇窗。

愛屋及烏轉型環境保育

因為喜愛大自然，沈錦豐足跡遍布，「基隆的山生態很豐富，跟其他縣市不一樣，在北部來講很難想像，基隆人要看自然生態，不管是動物還是植物，都很方便。」

「不只有鳥，我開始強迫自己學植物，從蝴蝶開始，去認識蝴蝶幼蟲吃的食物、做青蛙調查、研究蜻蜓……，這幾年發現可以拍一些影片、紀錄片……」沈錦豐說道。

投身基隆市野鳥學會 20 多年，沈錦豐耗時多年紀錄保育類野生動物「遊隼」的生態，並完成全臺首部遊隼紀錄片《遊隼的故事》。

除了紀錄，他更積極推廣環境教育，像是每到夏季來臨前人人都瘋螢火蟲，沈錦豐說基隆其實 7 個行政區內都有螢火蟲，山邊都有機會看到，只是缺乏教育跟管理，所以一旦公開螢火蟲棲地，人潮一窩蜂湧入就會容易被破壞。

山鳥山花好弟兄

小時候沈錦豐也住在漁港邊，連家中晾衣都有魚腥味，這樣的嗅覺記憶成為他童年經驗中最鮮明的一部分，但除了海，他認為基隆的山也相當值得探索，「基隆的山多且不高，多半都是好走的，有豐富生態環境之餘，好親近也是重點，有很多動植物都是在基隆首次被發現，像是基隆扁葉芋。」相對更親近的自然生態，是基隆人特有的福利。「基隆的山跟戰爭的連結很深，山上都是砲臺，像是八尺門砲臺、頂石閣砲臺，還有壕溝，山上就是這些東西，長大之後才知道這是基隆特色，不是全臺灣都一樣。」沈錦豐表示。

自己在山林間經驗豐富，但真要講一座必訪的山，他首推基隆嶼，「基隆嶼是少數臺灣島嶼中全部走稜線的山，也是從海上看基隆最明顯的地標，基隆本島的姜子寮山、球子山也都值得一訪。」他也期待更多人可以看見基隆優勢，因為山海皆是特色，「不能說強調海又不親海，與山區親近卻彷彿又遺忘了山林。」

小旅行路線：勇腳出列體驗山海魅力

「10 分鐘就能上山下海」正是基隆的寫照。三面背山、正面臨海的地理環境，讓基隆成為坐擁山海美景的港灣城市。身為雨都，基隆經常下著綿綿細雨，因濕度較高，為蕨類植物提供了絕佳的生長環境，剛下完雨的潮濕氣味，伴著刷過樹葉的微風，讓感官變得更加敏銳，沿著山路拾階而上，每一個毛細孔都能感受到這座城市山海交融的寬闊。說到基隆的「稜線 DNA」，讓生活在這座山城的人們養成了「很會走山路」的能力，汽機車進不去的狹窄巷弄，只能仰賴雙腳的力量，自然而然便練出了「上下山不會迷路技能」，伴隨著強健的小腿肌，成為山城居民驕傲的印記。想要鍛鍊鍛鍊自己的小腿肌嗎？跟著雨傘人出發吧！

01 山巷與貓

推薦路線：山海劇院 → 感應公 → 柑仔店 → 罾仔寮聚落 → 基隆地標 → 太平國小 → 虎仔山 → 山巷群

說到基隆港西岸，大部分都是上「KEELUNG 地標」看夜景，好萊塢式的顯眼燈牌，矗立在山頭上，伴著白天的山景、夜晚的山城民宅燈光，是初造訪基隆必定留下深刻印象的景色。西岸因著港務作業的關係，加上商業區集中在東岸一帶，因此西岸區域在過去較少有遊客前往。

雨都漫步的「山巷與貓」路線，就要帶你走進基隆港西岸的罾仔寮聚落。罾仔寮可說是全基隆最具山城氛圍的聚落，彎彎曲曲的山巷和階梯，不僅能滿足神秘的探險感受，還能在每一個未知的轉角，與慵懶的貓咪不期而遇。或許因為基隆山多，總能看到許多「地方貓貓」，在地人也都對貓咪們頗為友善，好天氣的日子，走逛罾仔寮聚落，絕對是貓奴的一大享受。

要上基隆地標，走路稍嫌累了一些，如果騎車的話，可從虎仔山迴車塔[32]抄捷徑上山，原先是建設公司要在此興建「大船入港」社區，為解決居民需繞行山路上山而建造，後續社區並未興建完成，但這座迴車塔成為在地人的日常通行路線，特殊的建築構造，也吸引不少劇組在此取景。雖然迴車塔能減少騎乘山路的時間，但部分山巷較狹窄且陡峭，騎車時放慢速度、查好路線是絕對必要的。

---

③ 地址位於基隆市中山區中山二路51巷與華興街53巷交界處。

地圖索引

① 山海劇院

② 感應公

③ 太平國小

④ 基隆地標

02 炮火連天

推薦路線：中正公園 → 二沙灣砲臺 → 大沙灣砲臺 → 頂石閣砲臺 → 社寮東砲臺 →
　　　　　槓子寮砲臺

　　在這座名副其實的戰爭之城，大力推薦你，一定要找一個好天氣的下午，來趟砲臺環遊之旅！由於砲臺是防禦性建築，因此都建於視野良好的山頭，風景優美可想而知。在砲臺數量多、密度高的基隆，要在一天之內環遊全基隆的砲臺，實則難度極高，考量路線順暢跟路程長度、交通便利度等因素，可以先從東岸出發，透過機車代步、來趟精彩的砲臺巡禮。[33]

　　來基隆玩的時候，請準備好當個晨型人，先到中正公園散步醒腦，感受早起會的活力，接著前往 ZOCHA[34] 租一臺電動機車，開始探索砲臺！先到二沙灣砲臺欣賞古城牆的歷史痕跡，再到大沙灣砲臺遺址，一窺石圍遺構，類似土壘的大沙灣遺構，並非臨時的軍事工程，而是因應平面型砲臺需求而規劃；[35] 下一站前往堪稱基隆最神秘的砲臺「頂石閣砲臺」，由於相關資料甚少，僅能就現存沉式砲臺遺址前後具有兩層的磚造卷拱，是清代時期特有的建築特色推估應於清代建造。入口需從現今「正濱國中」門口下方階梯進入，如欲參觀可以知會校園警衛。[36]

　　社寮東砲臺則位於和平島，這座砲臺於 1626 年建造，後來依序於清代及日本時代整建修築，主要用於防衛基隆嶼；槓子寮砲臺約 1900 年興建，地處信義區與中正區交界的山上，為監控八斗子海面船隻的要塞，不過據推測，可能在清代就已經有簡單的砲臺建築。槓子寮砲臺是目前基隆保存最完整的一座砲臺，砲臺的 360 度砲軌可自由選擇發射砲彈的角度，亦為基隆市各砲臺區中僅見的設置方式，此外，觀測臺與砲座區之間有「通話孔」也是其特色之一。欲造訪槓子寮砲臺，可以沿著鋪設好的步道一路上山，整片海域的景觀都能盡收眼底。

[33] 極具代表性的白米甕砲臺與獅球嶺砲臺，在路線中未提及，是因白米甕砲臺位於西岸、上坡路多，建議可另安排時間與基隆燈塔、西岸山壁防空洞群一起共遊。獅球嶺砲臺位於區，與這次造訪的砲臺有些距離，亦建議另安排時間前往。

[34] 地址位於基隆市仁愛區港西街41號。

[35]〈大沙灣石圍遺構〉。大基隆歷史場景再現。https://greatkeelung.klcg.gov.tw/tw/Dtl/A/H202007280017/W024。

[36] 安嘉芳、卞鳳奎（2008）。《北部火力發電廠、頂石閣砲台調查研究計畫：成果報告書（頂石閣砲台）》。基隆市文化局。

地圖索引

① 中正公園

② 二沙灣砲臺

③ 社寮東砲臺

④ 槓子寮砲臺

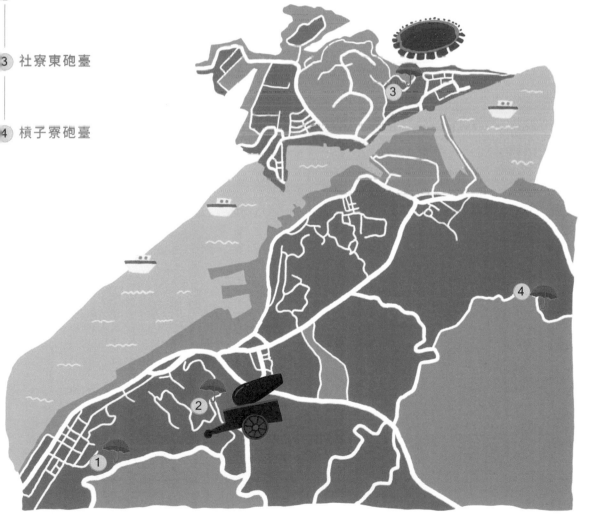

──稜線基隆──

03 港西燈頂

稜線基隆

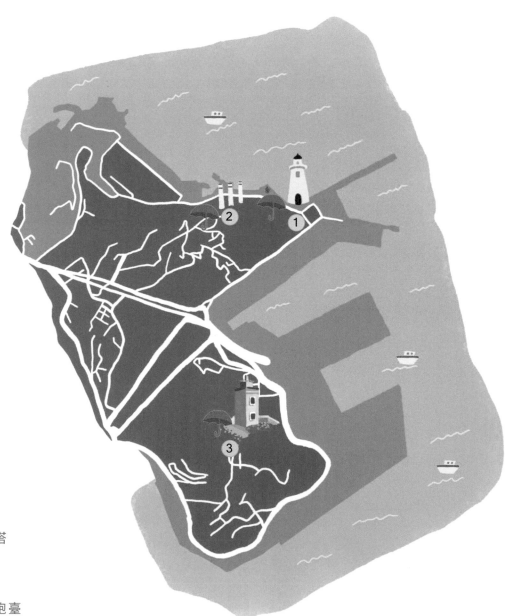

地圖索引

① 基隆燈塔

② 白米甕砲臺

③ 球子山燈塔

推薦路線：基隆燈塔 → 白米甕砲臺 → 球子山燈塔 → 西岸防空洞群

　　基隆港西岸，一處早期跟著碼頭發展，沒落好一陣子後，即將再次萌發生命力的所在。欲遊西岸推薦可安排半日時間，這趟行程完全可以徒步完成，是喜歡登高望遠的人會喜愛的路線，喜歡早上出發的人，建議先從基隆火車站走中山二路，約 8 分鐘路程到 1923 年創立的老店－「六號碼頭阿粉專賣店」吃碗清湯烏龍麵，湯頭喝來清爽但滋味醇厚，切份三層肉、吉古拉、油豆腐，就是在地人吃了數十年的簡單美味。填飽肚子後，搭乘基隆市公車 301 路線到「太白莊」站，步行約 5 分鐘後來到基隆燈塔，一覽 120 多年歷史的日本建築工法，全白塔身與湛藍海洋相互映襯，異國風情滿滿。

　　慢慢沿著山路走上百年歷史的白米甕砲臺，遙想基隆要塞的風光、將基隆港全景納入眼裡，續走上球子山燈塔，征服「一日雙塔」其實也不會太困難，後續從聖安宮下山，沿途欣賞壯觀的西岸防空洞群，雖然平時車不多，但是沒有人行步道還是要多加留意來車。在西岸漫步，倒也有種「歲月靜好」的氛圍，挑個天氣好的日子，讓毛孔全都張開、呼吸山上的潮濕氣味，感受基隆的山城魅力，將稜線之美盡收眼底。

雨傘人

—稜線基隆—

稜線基隆雨傘人　張惠媛

喜歡基隆，喜歡海。覺得基隆的雨，是一種鄉愁。相信所有曾被時代淘汰的事物，都會以另一種方式重生。

在基隆出生、成長、出走，再被海浪帶回家鄉。有個一輩子都沒有離開基隆生活過的爸爸，自己卻一直背對這座城市，回過頭才發現錯過很多。2022 年，決定重新建立自己的「基隆生活感」。

和雨都漫步的緣分始於 2016 年，這幾年跟著雨都漫步看見不同維度的基隆，也想將這座城市，從我的日常中提取出來，變成讓你願意遠道而來的風景。

走踏美食

洪記粿仔湯
信義區信一路 93 號

老店豆干包
仁愛區劉銘傳路 8 號

卞家牛肉麵
中山區中華路 3 之 4 號

六號阿粉專賣店
中山區中山二路 33 號

稜線基隆

序

圖 1 | 攝影：郭又誠
圖 2 | 攝影：雨都漫步
圖 3 | 攝影：茹孟楠
圖 4 | 攝影：茹孟楠
圖 5 | 攝影：雨都漫步

閃爍基隆

圖 1 | 攝影：張文彥
圖 2 | 攝影：林成枝（1969）。感謝林耀宗 無償提供。
圖 3 | 攝影：雨都漫步
圖 4 | 攝影：雨都漫步
圖 5 | 攝影：雨都漫步
圖 6 | 攝影：張文彥
圖 7 | 攝影：小獸書屋
圖 8 | 資料來源：信義區公所，1998 年 6 月。《基隆市信義區區誌》，頁 21。基隆市：基隆市政府。翁庭華提供。載自田寮河。國家文化記憶庫。https://memory.culture.tw/Home/Detail?Id=259274&IndexCode=Culture_Object&Keyword=%E7%94%B0%E5%AF%AE%E6%B2%B3&SearchMode=Precise
圖 9 | 攝影：張文彥
圖 10 | 攝影：張文彥
圖 11 | 攝影：雨都漫步
圖 12 | 資料來源：國家圖書館提供
圖 13 | 攝影：張文彥
圖 14 | 攝影：雨都漫步
圖 15 | 攝影：張文彥
圖 16 | 攝影：茹孟楠
圖 17 | 攝影：張文彥
圖 18 | 攝影：張文彥
圖 19 | 攝影：茹孟楠
圖 20 | 攝影：張文彥
圖 21 | 攝影：茹孟楠
圖 22 | 攝影：張文彥
圖 23 | 攝影：（1979）不詳。（2016）張哲生。感謝張哲生 無償提供。
圖 24 | 圖片引用自 Doug Price, US Navy
資料來源：Taipei Air Station(2014, September 1). Keelung - More than a Liberty Call for US Navy Ships.http://taipeiairstation.blogspot.com/2014/09/keelung-more-than-liberty-call-for-us.html
圖 25 | 圖片引用自 Doug Price, US Navy
資料來源：Taipei Air Station(2014, September 1). Keelung - More than a Liberty Call for US Navy Ships. http://taipeiairstation.blogspot.com/2014/09/keelung-more-than-liberty-call-for-us.html
圖 26 | 攝影：茹孟楠
圖 27 | 攝影：張文彥
圖 28 | 攝影：張文彥
圖 29 | 攝影：張文彥
圖 30 | 攝影：張文彥
圖 31 | 攝影：張文彥

浪潮基隆

圖 1 | 攝影：鄭閎仁
圖 2 | 攝影：鄭閎仁
圖 3 | 攝影：鄭閎仁
圖 4 | 攝影：茹孟楠
圖 5 | 攝影：林家和
圖 6 | 攝影：鄭閎仁
圖 7 | 攝影：鄭閎仁
圖 8 | 攝影：林家和

圖 9 | 攝影：茹孟楠
圖 10 | 攝影：茹孟楠
圖 11 | 攝影：茹孟楠
圖 12 | 攝影：蘇筱嵐
圖 13 | 資料來源：臨時臺灣總督府工事部（1916）。《基隆築港誌圖譜》。臨時臺灣總督府工事部。
圖 14 | 資料來源：臨時臺灣總督府工事部（1916）。《基隆築港誌圖譜》。臨時臺灣總督府工事部。
圖 15 | 攝影：茹孟楠
圖 16 | 攝影：茹孟楠
圖 17 | 攝影：林家和
圖 18 | 攝影：茹孟楠
圖 19 | 攝影：鄭閎仁
圖 20 | 攝影：茹孟楠
圖 21 | 攝影：茹孟楠
圖 22 | 攝影：雨都漫步
圖 23 | 攝影：鄭閎仁
圖 24 | 攝影：蘇筱嵐
圖 25 | 攝影：郭又誠
圖 26 | 攝影：鄭閎仁
圖 27 | 攝影：林家和
圖 28 | 攝影：郭又誠

魔幻基隆

圖 1 | 攝影：蘇筱嵐
圖 2 | 攝影：林家和
圖 3 | 攝影：蘇筱嵐
圖 4 | 資料來源：臺灣公論（1936）。廣告（二）。臺灣公論社，第 001 卷第 006 期。
圖 5 | 攝影：茹孟楠
圖 6 | 攝影：茹孟楠
圖 7 | 攝影：茹孟楠
圖 8 | 攝影：邱榆
圖 9 | 資料來源：基隆市聯合青年團（1933）。北白川宮能久親王御遺蹟地紀念碑。基隆：基隆市聯合青年團。
圖 10 | 資料來源：基隆市真砂町仰皇獸盛擧除幕式。（1936 年 11 月 11 日）。臺灣日日新報。夕刊第 4 版。
圖 11 | 攝影：蘇筱嵐
圖 12 | 資料來源：基隆千人塚。（1912 年 5 月 25 日）。漢文臺灣日日新報。
圖 13 | 攝影：茹孟楠
圖 14 | 資料來源：國家圖書館 提供
圖 15 | 攝影：王文其
圖 16 | 攝影：王文其
圖 17 | 資料改編自：基隆公益社內基隆港灣會（1930），基隆市地圖。臺灣日日新報印製。
圖 18 | 資料來源：簡萬火（1931）。《基隆誌》（初版）。基隆圖書出版協會。
圖 19 | 攝影：茹孟楠
圖 20 | 攝影：茹孟楠
圖 21 | 攝影：茹孟楠
圖 22 | 攝影：鄭閎仁
圖 23 | 攝影：茹孟楠
圖 24 | 攝影：茹孟楠
圖 25 | 資料來源：簡萬火（1931）。《基隆誌》（初版）。基隆圖書出版協會。
圖 26 | 資料來源：繪者不詳（1654）。《淡水與其附近村社暨雞籠島略圖》（Kaartje van Tamsuy en omleggende dorpen, zoo mede het eilandje Kelang）。原圖典藏於：荷蘭海牙國家檔案館
圖 27 | 資料來源：臺灣總督府檔案（1936）。基隆市墓地火葬場移築費。國史館臺灣文獻館。檔案典藏號：00010696001。
圖 28 | 資料來源：國土測繪局。
圖 29 | 攝影：茹孟楠
圖 30 | 攝影：邱榆
圖 31 | 攝影：茹孟楠
圖 32 | 攝影：王文其
圖 33 | 資料來源：石坂莊作（1923）。北台灣古碑。出版社不明。

調味基隆

圖 1 | 攝影：茹孟楠
圖 2 | 攝影：鄭文誠
圖 3 | 攝影：郭又誠
圖 4 | 攝影：鄭文誠
圖 5 | 攝影：鄭文誠
圖 6 | 圖片來源：林成枝 攝影。國家文化記憶庫。
圖 7 | 攝影：鄭文誠
圖 8 | 攝影：鄭文誠
圖 9 | 圖片來源：臺灣百年歷史地圖。
圖 10 | 攝影：郭又誠
圖 11 | 攝影：鄭文誠
圖 12 | 攝影：鄭文誠
圖 13 | 攝影：鄭文誠
圖 14 | 攝影：鄭文誠
圖 15 | 攝影：茹孟楠
圖 16 | 攝影：茹孟楠
圖 17 | 圖片引用自 Doug Price, US Navy
資料來源：Taipei Air Station（2014, September 1）. Keelung
- More than a Liberty Call for US Navy Ships.http://
taipeiairstation.blogspot.com/2014/09/keelung-more-than-
liberty-call-for-us.html
圖 18 | 攝影：茹孟楠
圖 19 | 攝影：茹孟楠
圖 20 | 攝影：鄭文誠
圖 21 | 攝影：郭又誠
圖 22 | 攝影：鄭文誠
圖 23 | 資料來源：咖哩廣告。（1935 年 12 月 10 日）。臺灣日日新報。
第 2 版。
圖 24 | 資料來源：蜂即席咖哩廣告。（1925 年 7 月 23 日）。臺灣日日
新報。第 10 版。
圖 25 | 圖片來源：攝影不詳。基隆「仁愛市場」。國家文化記憶庫。
圖 26 | 攝影：鄭文誠
圖 27 | 攝影：茹孟楠
圖 28 | 攝影：茹孟楠

稜線基隆

圖 1 | 攝影：柯仲軒
圖 2 | 攝影：茹孟楠
圖 3 | 攝影：茹孟楠
圖 4 | 攝影：茹孟楠
圖 5 | 攝影：柯仲軒
圖 6 | 攝影：柯仲軒
圖 7 | 攝影：柯仲軒
圖 8 | 攝影：柯仲軒
圖 9 | 攝影：柯仲軒
圖 10 | 攝影：柯仲軒
圖 11 | 攝影：柯仲軒
圖 12 | 攝影：柯仲軒
圖 13 | 攝影：柯仲軒
圖 14 | 攝影：柯仲軒
圖 15 | 攝影：柯仲軒
圖 16 | 攝影：茹孟楠
圖 17 | 攝影：茹孟楠
圖 18 | 攝影：茹孟楠
圖 19 | 攝影：茹孟楠
圖 20 | 攝影：柯仲軒
圖 21 | 攝影：柯仲軒
圖 22 | 攝影：柯仲軒
圖 23 | 攝影：柯仲軒
圖 24 | 攝影：柯仲軒
圖 25 | 攝影：柯仲軒

特別感謝——

感謝以下人士協助提供寶貴意見及資料，使本書順利完成：（依姓氏筆畫排序）

小獸書屋、王文其、江文奇、吳振宏、李游坤、杜劍秋、杜懿洵、沈錦豐、林耀宗、柯濟昇、高芷鈴、張哲生、許國春、許焜山、彭瑞祺

國家圖書館出版品預行編目

雨都漫步 ：跟著雨傘人回家旅行 ：日常、海洋、
信仰、飲食、地景-小旅行職人踏查基隆五種維
度 / 江懿倫, 林家和, 邱榆, 吳冠萱, 張惠媛, 蘇
筱嵐著.-- 初版.-- 基隆市：雨都漫步, 2023.05
面 ； 公分
ISBN 978-626-96397-4-8(平裝)

1.CST:遊記 2.CST: 人文地理 3.CST: 基隆市

733.9/105.69   112005166

雨都漫步：跟著雨傘人回家旅行

日常、海洋、信仰、飲食、地景 —— 小旅行職人踏查基隆五種維度

作者	江懿倫、林家和、邱榆、吳冠萱、張惠媛、蘇筱嵐（依姓氏筆畫排序）
企劃編輯	陳詩欣
編輯顧問	楊佩穎
內容顧問	沈錦豐 （稜線基隆）
責任編輯	江懿倫、吳冠萱
編輯校對	林家和、邱榆、張惠媛
封面設計	萬文軒
美術編輯	萬文軒、劉玥彤
插畫繪製	萬文軒
製版印刷	欣橋印刷
發行人	雨都漫步
出版者	雨都漫步
地址	基隆市仁愛區愛九路 4 號 2 樓
電話	0968-60-7676
官方網站	keelung-for-a-walk.com/
總經銷	前衛出版社＆草根出版公司
地址	104 台北市中山區農安街 153 號四樓之三
電話	02-2586-5708 ｜ 傳真：02-2586-3758
指導單位	文化部 MINISTRY OF CULTURE

定價：450 元
出版日期：2023 年 5 月 初版一刷
Printed in Taiwan
ISBN 978-626-96397-4-8 （平裝）